外交2010

2011版

China's Foreign Affairs

Les affaires étrangères de la Chine

指导委员会

主 任 委 员：杨洁篪

副主任委员：张志军

委　　　员：吕国增　李金章　崔天凯

傅　莹　宋　涛　翟　隽

胡正跃　吴海龙　刘振民

程国平

Steering Committee

Director: Yang Jiechi

Associate Director: Zhang Zhijun

Members: Lv Guozeng Li Jinzhang Cui Tiankai

Fu Ying Song Tao Zhai Jun

Hu Zhengyue Wu Hailong Liu Zhenmin

Cheng Guoping

Comité de direction

Directeur: Yang Jiechi

Directeur adjoint: Zhang Zhijun

Membres: Lv Guozeng Li Jinzhang Cui Tiankai

Fu Ying Song Tao Zhai Jun

Hu Zhengyue Wu Hailong Liu Zhenmin

Cheng Guoping

序

二零一零年，对世界与中国发展而言，都是很不平凡的一年。国际金融危机给世界政治、经济、安全格局带来的影响广泛而深远。世界经济在动荡中艰难复苏，国际力量对比继续向着渐趋均衡的方向演进，世界经济治理机制改革深入推进，全球思想文化交流交融交锋更加频繁。世界和平与发展的大势没有变，但影响因素更趋复杂多元。中国的和平发展事业继续迈出新的步伐，我国综合国力持续提高，国际影响力进一步增强，与世界利益融合互动更加深入，机遇前所未有，挑战也前所未有。

一年来，在党中央、国务院的正确领导下，中国外交迎难而上，开拓进取，在挑战中谋发展，在创新中破难题，办成了大事，办好了喜事，办妥了难事，有力维护了国家主权、安全和发展利益，巩固了我国总体有利的外部环境。

《中国外交二零一零》画册，以本年度我国重大外交事件为主线，紧贴时代脉搏，从不同角度直观再现了丰富多彩的外交场景，是中国外交坚持走和平发展道路的历史纪实。画册分为六个版块，通过三百多幅精彩照片，生动展示了我国党和国家领导人积极开展高层交往，促进与世界各国友好合作的精神风貌；『全景式』再现了上海世博会大舞台上首脑外交、民间外交、绿色外交、公共人文外交等交相辉映的重要时刻；宣示了我国积极利用多边舞台，推动构建和谐世界的政策理念；彰显了外交工作积极推动对外经济合作、促进世界共同发展的重要作用；记录了我们秉持『以人为本、外交为民』宗旨，全力维护海外侨胞合法权益的重大行动；呈现出我国大力推进同世界各国交流互鉴、增进理解与互信的重要进展；铺展开一幅中国积极发挥负责任大国作用，为世界的和平与发展作出新贡献的恢宏画卷。

我相信，《中国外交二零一零》画册将会一如既往地获得国内外读者朋友们的支持和喜爱。希望它能打开一扇窗，让人们更多了解中国坚持和平发展、互利共赢，同各国人民一道推动建设持久和平、共同繁荣的和谐世界的坚定信念和积极贡献。

杨洁篪

二零一一年一月

Foreword

The year 2010 was truly eventful for the development of both China and the world. The international financial crisis exerted extensive and profound impact on the international political, economic and security landscapes. The world economy struggled to recover amidst volatility. Global power dynamics continued to move toward balance. Reform of the world economic governance structure deepened. And exchanges, integration and interactions between various trends of thought and cultures became more frequent. Peace and development remained the trend of the times, yet there were increasingly complex and diverse factors affecting world peace and development. China took new steps to advance the cause of peaceful development. Its overall national strength continued to rise, its international influence increased, and China became more engaged with the rest of the world with their interests more closely entwined. There were both unprecedented opportunities and unprecedented challenges.

Over the past year, under the correct leadership of the Central Committee of the Communist Party of China (CPC) and the State Council, China's diplomacy forged ahead in the face of difficulties. We pursued development while meeting challenges and tackled difficult issues through innovative means. We accomplished major tasks, hosted joyful events successfully and managed thorny issues properly, effectively upholding China's sovereignty, security and development interests and consolidating the overall favorable external environment.

The *2010 China's Foreign Affairs* photo album, featuring China's major diplomatic activities and keeping to the trend of the times, presents readers an opportunity to relive the diverse diplomatic moments from different perspectives and provides a historical record of China's commitment to peaceful development. The album is a collection of over 300 pictures in six parts. It vividly displays the active endeavors of the Party and state leaders in conducting high-level exchanges and promoting the friendly cooperation between China and other countries. It offers a panoramic view of the important moments of the Shanghai World Expo, including the summit diplomacy, people-to-people diplomacy, green diplomacy and public and cultural diplomacy. It articulates China's policies and efforts for building a harmonious world by making the most of multilateral arenas. It manifests the important role of diplomacy in facilitating external economic cooperation and advancing world common development. It documents the major actions we took to uphold the legitimate rights and interests of overseas Chinese nationals in keeping with the principle of putting people first and carrying out diplomacy for the people. It showcases the important progress China made in promoting exchanges and enhancing understanding and mutual trust with other countries. All these impressive pictures serve to explain the new contributions to world peace and development os China as a responsible big, country.

I am confident that the photo album will be appreciated by domestic and foreign readers. I hope that it will open a window for people to know better about China's firm commitment to peaceful development and the principle of mutual benefit as well as its contribution to the building of a harmonious world of lasting peace and common prosperity in a joint effort with other countries.

Yang Jiechi
January 2011

Avant-propos

2010 a été une année hors du commun pour le développement du monde comme pour celui de la Chine. La crise financière internationale a eu des effets larges, profonds et durables sur la situation politique, économique et sécuritaire dans le monde. L'économie mondiale peine à reprendre dans l'instabilité, les rapports de forces continuent à s'équilibrer, la réforme de la gouvernance économique mondiale gagne en profondeur et les échanges, l'interaction et la confrontation entre les pensées et les cultures s'intensifient à l'échelle mondiale. La paix et le développement représentent toujours la tendance générale, mais les facteurs d'influence deviennent plus complexes et diversifiés. La Chine a franchi de nouveaux pas dans son développement pacifique. Avec une puissance globale en croissance constante, elle pèse davantage dans les affaires internationales et voit ses intérêts s'intégrer davantage dans ceux du monde. La Chine est ainsi placée devant des opportunités et des défis sans précédent.

Depuis un an, la diplomatie chinoise, sous la juste direction du Comité central du Parti communiste chinois et du Conseil des Affaires d'État, a su surmonter les difficultés et relever les défis dans un esprit novateur. C'est ainsi qu'une série de succès ont été obtenus, pour les grandes affaires, les heureuses affaires comme les affaires délicates. Nous avons défendu la souveraineté nationale et nos intérêts sécuritaires et du développement et contribué à consolider un environnement globalement favorable à la Chine.

L'album *Les Affaires étrangères de la Chine 2010* retrace sous différents angles les actions diplomatiques de la Chine accomplies au cours de l'an passé en suivant le fil des grands événements diplomatiques. Il apporte le témoignage des efforts de la diplomatie chinoise pour suivre la voie du développement pacifique. Regroupées en six parties, les quelque 300 photos emmènent les lecteurs à revisiter les multiples facettes de la diplomatie chinoise : échanges de haut niveau où les dirigeants du Parti et de l'État sont les acteurs pour promouvoir la coopération et l'amitié avec le reste du monde ; moments forts de l'Exposition universelle de Shanghai où jouent la diplomatie au sommet, la diplomatie non-gouvernementale, la diplomatie verte et la diplomatie publique et culturelle ; actions de la Chine dans les enceintes multilatérales pour promouvoir un monde harmonieux ; rôle important d'une diplomatie au service de la coopération économique avec l'extérieur et du développement commun dans le monde ; grandes contributions pour la défense des droits et intérêts légitimes des ressortissants chinois à l'étranger conformément au principe « primauté de l'homme et diplomatie au service du peuple » ; et progrès obtenus par la Chine dans la promotion des échanges, de la compréhension et de la confiance mutuelle avec les autres pays du monde. Cet album nous présente l'image d'une Chine qui, en tant que grand pays responsable, se met au service de la paix et du développement du monde.

Les Affaires étrangères de la Chine 2010, j'en suis convaincu, sera comme toujours soutenu et apprécié par nos lecteurs chinois et étrangers. J'espère qu'il ouvrira une fenêtre permettant de mieux comprendre la détermination et les contributions de la Chine qui œuvre pour un développement pacifique et le bénéfice réciproque et qui contribue de concert avec les autres peuples à l'avènement d'un monde harmonieux de paix durable et de prospérité commune.

Yang Jiechi
Janvier 2011

目录

第壹部分

高层往来·传承友谊

二零一零年，中国领导人积极开展高层外交。一座座传承友谊、加强合作的桥梁在架起，中国坚持和平发展，倡导互利共赢，推动建设和谐世界的真诚愿望四海传扬。

这一年，中国以全方位外交为着力点，全面推进与大国、周边和发展中国家的友好合作。国家主席胡锦涛访问俄罗斯，中俄战略协作伙伴关系进一步深化。中美高层互动频繁，两国关系沿着积极合作全面的轨道向前迈进。全国人大常委会委员长吴邦国出访东南亚三国，中国与周边国家的传统友谊更加巩固。国务院总理温家宝访问欧洲，中欧全面战略伙伴关系内涵不断充实。党和国家领导人足迹遍布亚非拉，中国与发展中国家的友好互利合作进一步加强。中国与世界各国不断谱写友谊合作的新篇章。

这一年，热情友好的中国人民喜迎八方宾朋，世界各国共有七十五位国家元首、五十位政府首脑来到中国，中外领导人欢聚一堂，畅叙友谊，共话合作，共谋发展。

Part 1

High-level Contacts for Lasting Friendship

In 2010, Chinese leaders actively engaged in high-level diplomacy. Bridges of friendship and cooperation between China and the world were built. China's commitment to peaceful development, call for mutual benefit and win-win progress and sincere wish for a harmonious world were recognized worldwide.

Over the year, China pursued all-dimensional diplomacy and advanced its friendship and cooperation with major countries, neighboring countries and other developing countries across the board. President Hu Jintao paid a visit to Russia and the China-Russia strategic partnership of coordination was deepened. China and the United States had frequent high-level interactions, and the positive, cooperative and comprehensive China-US relationship moved forward. Chairman Wu Bangguo of the Standing Committee of the National People's Congress (NPC) paid visits to three Southeast Asian countries, and China's traditional friendship with its neighbors was further consolidated. Premier Wen Jiabao of the State Council visited Europe, and the China-EU comprehensive strategic partnership was further enriched. Party and state leaders traveled to Asia, Africa and Latin America, contributing to stronger friendship and mutually beneficial cooperation between China and other developing countries. New chapters of friendship and cooperation were written between China and other countries in the world.

In the past year, the hospitable and friendly Chinese people welcomed guests and friends from all over the world. A total of 75 heads of state and 50 heads of government visited China and joined their Chinese counterparts to renew friendship and explore ways to promote cooperation and development.

Partie 1

Échanges de haut niveau pour perpétuer l'amitié

Les dirigeants chinois ont développé en 2010 des échanges de haut niveau très actifs, établissant des ponts d'amitié et de coopération avec les différents pays. La Chine annonce au monde entier sa sincère volonté de poursuivre la voie du développement pacifique, d'œuvrer pour le bénéfice réciproque et de contribuer à l'avènement d'un monde harmonieux.

En 2010, appliquant une diplomatie tous azimuts, la Chine a travaillé à promouvoir ses relations d'amitié et de coopération avec les grandes puissances, les pays voisins et les pays en voie de développement. La visite en Russie du Président Hu Jintao a permis d'approfondir le partenariat de coordination stratégique sino-russe. La relation sino-américaine a progressé dans la voie d'une relation positive, coopérative et globale avec des échanges de haut niveau fréquents entre les deux pays. L'amitié traditionnelle entre la Chine et ses pays voisins s'est davantage consolidée à travers la tournée dans trois pays d'Asie du Sud-Est du Président du Comité permanent de l'Assemblée populaire nationale (APN) Wu Bangguo. La visite en Europe du Premier Ministre du Conseil des Affaires d'État Wen Jiabao a permis d'enrichir le partenariat global stratégique Chine-UE. La coopération amicale et mutuellement avantageuse entre la Chine et les pays en développement s'est renforcée grâce aux visites des dirigeants du Parti et de l'État chinois en Asie, en Afrique et en Amérique latine. De nouveaux chapitres se sont inscrits sans cesse dans les annales de l'amitié et de la coopération entre la Chine et les autres pays du monde.

En 2010, le peuple chinois chaleureux et hospitalier a accueilli des invités du monde entier dont 75 Chefs d'État et 50 Chefs de gouvernement, autant d'occasions pour les dirigeants chinois et étrangers de se retrouver pour faire le point de la coopération et planifier le développement commun.

4月14日至15日，应巴西联邦共和国总统路易斯·伊纳西奥·卢拉·达席尔瓦的邀请，国家主席胡锦涛访问巴西并出席在巴西利亚举行的"金砖四国"领导人第二次正式会晤。

4月15日，胡锦涛主席（右）在巴西利亚同巴西总统卢拉举行会谈。

From 14 to 15 April, President Hu Jintao paid a visit to Brazil and attended the 2nd BRIC Summit in Brasilia at the invitation of President Luiz Inacio Lula da Silva of the Federative Republic of Brazil.

On 15 April, President Hu Jintao (right) held talks with President Lula in Brasilia.

Les 14 et 15 avril, sur l'invitation du Président de la République fédérative du Brésil Luiz Inacio Lula da Silva, le Président Hu Jintao a effectué une visite au Brésil et a participé à la deuxième rencontre formelle des dirigeants des pays du BRIC (Brésil, Russie, Inde et Chine) tenue à Brasilia.

Le 15 avril, le Président Hu Jintao (à droite) s'entretient à Brasilia avec le Président brésilien Luiz Inacio Lula da Silva.

6月9日至11日，应乌兹别克斯坦共和国总统伊斯拉姆·阿卜杜加尼耶维奇·卡里莫夫的邀请，国家主席胡锦涛对乌兹别克斯坦进行国事访问并出席在塔什干举行的上海合作组织成员国元首理事会第十次会议。

6月9日，胡锦涛主席（左）在塔什干同乌兹别克斯坦总统卡里莫夫举行会谈。

From 9 to 11 June, President Hu Jintao paid a state visit to Uzbekistan and attended the 10th Meeting of the Council of the Heads of the Member States of the Shanghai Cooperation Organization in Tashkent at the invitation of President Islam Abduganiyevich Karimov of the Republic of Uzbekistan.

On 9 June, President Hu Jintao (left) held talks with President Karimov in Tashkent.

Du 9 au 11 juin, sur l'invitation du Président de la République d'Ouzbékistan Islam Abduganiyevich Karimov, le Président Hu Jintao a effectué une visite d'État en Ouzbékistan et participé à Tachkent à la 10e Réunion du Conseil des Chefs d'État de l'Organisation de Coopération de Shanghai (OCS).

Le 9 juin, le Président Hu Jintao (à gauche) s'entretient à Tachkent avec le Président ouzbek Islam Abduganiyevich Karimov.

6月11日至12日，应哈萨克斯坦共和国总统努尔苏丹·纳扎尔巴耶夫的邀请，国家主席胡锦涛对哈萨克斯坦进行国事访问。

6月12日，胡锦涛主席（前右）在阿斯塔纳出席哈萨克斯坦总统纳扎尔巴耶夫举行的欢迎仪式。图为胡锦涛主席在纳扎尔巴耶夫总统陪同下检阅仪仗队。

From 11 to 12 June, President Hu Jintao paid a state visit to Kazakhstan at the invitation of President Nursultan Nazarbayev of the Republic of Kazakhstan.

On 12 June, President Hu Jintao (front right) attended the welcoming ceremony hosted by President Nazarbayev in Astana. The picture shows President Hu Jintao reviewing the guard of honor in company of President Nazarbayev.

Les 11 et 12 juin, sur l'invitation du Président de la République du Kazakhstan Nursultan Nazarbayev, le Président Hu Jintao a effectué une visite d'État au Kazakhstan.

Le 12 juin, le Président Hu Jintao (1er plan, à droite) passe en revue la garde d'honneur en compagnie du Président Nursultan Nazarbayev à la cérémonie d'accueil tenue à Astana par son homologue kazakh.

6月23日至27日，应加拿大总督米夏埃尔·让和总理斯蒂芬·哈珀的邀请，国家主席胡锦涛对加拿大进行国事访问并出席在多伦多举行的二十国集团领导人第四次峰会。

6月24日，胡锦涛主席（左）在渥太华同加拿大总理哈珀举行会谈。（上图）

From 23 to 27 June, President Hu Jintao paid a state visit to Canada and attended the 4th G20 Summit in Toronto at the invitation of Governor General Michaëlle Jean and Prime Minister Stephen Harper of Canada.

On 24 June, President Hu Jintao (left) held talks with Prime Minister Harper in Ottawa.(Upper picture)

Du 23 au 27 juin, sur l'invitation de la Gouverneure générale Michaëlle Jean et du Premier Ministre Stephen Harper du Canada, le Président Hu Jintao a effectué une visite d'État au Canada et participé à Toronto au 4e Sommet du G20.

Le 24 juin, le Président Hu Jintao (à gauche) s'entretient à Ottawa avec le Premier Ministre Stephen Harper.(Photo en haut)

11月4日至6日，应法兰西共和国总统尼古拉·萨科齐的邀请，国家主席胡锦涛对法国进行国事访问。

11月5日，胡锦涛主席（前左一）与法国总统萨科齐在尼斯市街头同当地民众亲切交谈。（下图）

From 4 to 6 November, President Hu Jintao paid a state visit to France at the invitation of President Nicolas Sarkozy of the Republic of France.

On 5 November, President Hu Jintao (front, first from left) and President Sarkozy talked to people on the street of Nice.(Lower picture)

Du 4 au 6 novembre, sur l'invitation du Président de la République française Nicolas Sarkozy, le Président Hu Jintao a effectué une visite d'État en France.

Le 5 novembre, le Président Hu Jintao (1er plan, 1er à gauche), en compagnie du Président Sarkozy, rencontre la population locale à Nice.(Photo en bas)

11月6日至7日，应葡萄牙共和国总统卡瓦科·席尔瓦的邀请，国家主席胡锦涛对葡萄牙进行国事访问。

11月6日，胡锦涛主席（左二）和夫人刘永清（右一）在葡萄牙总统府同席尔瓦总统夫妇合影。

From 6 to 7 November, President Hu Jintao paid a state visit to Portugal at the invitation of President Cavaco Silva of the Portuguese Republic.

On 6 November, President Hu Jintao (second from left) and his wife Madame Liu Yongqing (first from right) took a photo with President Silva and Mrs. Silva at the presidential palace.

Les 6 et 7 novembre, sur l'invitation du Président de la République portugaise Cavaco Silva, le Président Hu Jintao a effectué une visite d'État au Portugal.

Le 6 novembre, le Président Hu Jintao (2e à gauche) et son épouse Liu Yongqing (1ère à droite) avec le couple présidentiel portugais à la Présidence du Portugal.

7月7日至20日，应法兰西共和国国民议会议长贝尔纳·阿夸耶、参议院议长热拉尔·拉尔歇，塞尔维亚共和国议长斯拉维察·久基奇—德亚诺维奇，瑞士联邦议会国民院议长帕斯卡莱·布吕德雷、联邦院议长埃丽卡·福斯特—瓦尼尼的邀请，全国人大常委会委员长吴邦国对三国进行正式友好访问，并赴日内瓦出席第三次世界议长大会。

7月8日，吴邦国委员长（左）在巴黎同法国国民议会议长阿夸耶举行会谈。

From 7 to 20 July, Chairman Wu Bangguo of the NPC Standing Committee paid an official good-will visit to France, Serbia and Switzerland and attended the 3rd World Conference of Speakers of Parliament in Geneva at the invitation of President Bernard Accoyer of the National Assembly and President Gerard Larcher of the Senate of the Republic of France, Speaker Slavica Djukic-Dejanovic of the National Assembly of the Republic of Serbia, and President Pascale Bruderer Wyss of the National Council and President Erika Forster-Vannini of the Council of States of the Swiss Confederation.

On 8 July, NPC Chairman Wu Bangguo (left) held talks with President Bernard Accoyer of the National Assembly of France in Paris.

Du 7 au 20 juillet, sur l'invitation du Président de l'Assemblée nationale Bernard Accoyer et du Président du Sénat Gérard Larcher de la République française, de la Présidente de l'Assemblée nationale de la République de Serbie Slavica Djukic-Dejanovic, de la Présidente du Conseil national Pascale Bruderer Wyss et de la Présidente du Conseil des États Erika Forster-Vannini de la Confédération suisse, le Président du Comité permanent de l'Assemblée populaire nationale (APN) Wu Bangguo a effectué une visite officielle d'amitié dans ces trois pays et participé à Genève à la 3e Conférence mondiale des Présidents de parlement.

Le 8 juillet, le Président Wu Bangguo (à gauche) s'entretient à Paris avec le Président de l'Assemblée nationale de France Bernard Accoyer.

7月17日，吴邦国委员长（中）在伯尔尼宫同瑞士联邦议会国民院议长布吕德雷（左）和联邦院议长福斯特—瓦尼尼（右）举行会谈。

On 17 July, NPC Chairman Wu Bangguo (middle) held talks with President Pascale Bruderer Wyss (left) of the National Council and President Erika Forster-Vannini (right) of the Council of States of the Swiss Confederation at the Federal Palace of Switzerland.

Le 17 juillet, le Président Wu Bangguo (au milieu) s'entretient au Palais fédéral avec la Présidente du Conseil national Pascale Bruderer Wyss et la Présidente du Conseil des États Erika Forster-Vannini de la Confédération suisse.

7月14日，吴邦国委员长（左）在贝尔格莱德会见塞尔维亚总统鲍里斯·塔迪奇。（左图）

11月3日至13日，应柬埔寨王国国会主席韩桑林、印度尼西亚共和国国会议长马尔祖基·阿里、泰王国国会主席兼下议院议长猜·奇初的邀请，全国人大常委会委员长吴邦国对三国进行正式友好访问。

11月4日，吴邦国委员长（左）在金边同柬埔寨首相洪森举行会谈。（右图）

On 14 July, NPC Chairman Wu Bangguo (left) met with President Boris Tadic of the Republic of Serbia in Belgrade. (Left picture)

From 3 to 13 November, Chairman Wu Bangguo of the NPC Standing Committee paid an official goodwill visit to Cambodia, Indonesia and Thailand at the invitation of President Heng Samrin of the National Assembly of the Kingdom of Cambodia, Speaker Marzuki Alie of the House of Representatives of the Republic of Indonesia, and President of the National Assembly and Speaker of the House of Representatives Chai Chidchob of the Kingdom of Thailand.

On 4 November, NPC Chairman Wu Bangguo (left) held talks with Cambodian Prime Minister Hun Sen in Phnom Penh.(Right picture)

Le 14 juillet, le Président Wu Bangguo (à gauche) rencontre à Belgrade le Président de la République de Serbie Boris Tadic. (Photo à gauche)

Du 3 au 13 novembre, sur l'invitation du Président de l'Assemblée nationale du Royaume du Cambodge Heng Samrin, du Président de la Chambre des Représentants de la République d'Indonésie Marzuki Alie et du Président de l'Assemblée nationale et Président de la Chambre des Représentants du Royaume de Thaïlande Chai Chidchob, le Président du Comité permanent de l'APN Wu Bangguo a effectué une visite officielle d'amitié dans ces trois pays.

Le 4 novembre, le Président Wu Bangguo (à gauche) s'entretient à Phnom Penh avec le Premier Ministre cambodgien Hun Sen. (Photo à droite)

11月10日，吴邦国委员长（左）在雅加达会见印度尼西亚总统苏西洛·班邦·尤多约诺。

On 10 November, NPC Chairman Wu Bangguo (left) met with Indonesian President Susilo Bambang Yudhoyono in Jakarta.

Le 10 novembre, le Président Wu Bangguo (à gauche) rencontre à Jakarta le Président indonésien Susilo Bambang Yudhoyono.

11月10日，吴邦国委员长（前左）在曼谷同泰国国会主席兼下议院议长猜·奇初举行会谈。

On 10 November, NPC Chairman Wu Bangguo (front left) held talks with President of the National Assembly and Speaker of the House of Representatives Chai Chidchob of Thailand in Bangkok.

Le 10 novembre, le Président Wu Bangguo (1er plan, à gauche) s'entretient à Bangkok avec le Président de l'Assemblée nationale et Président de la Chambre des Représentants du Royaume de Thaïlande Chai Chidchob.

6月1日至2日，应蒙古国总理苏赫巴特尔·巴特包勒德的邀请，国务院总理温家宝对蒙古进行正式访问。

6月1日，蒙古总理巴特包勒德为温家宝总理（前中）举行欢迎仪式。

From 1 to 2 June, Premier Wen Jiabao paid an official visit to Mongolia at the invitation of Prime Minister Sukhbaataryn Batbold of Mongolia.

On 1 June, Prime Minister Batbold held a welcoming ceremony for Premier Wen Jiabao (front middle).

Les 1er et 2 juin, sur l'invitation du Premier Ministre de la Mongolie Sukhbaataryn Batbold, le Premier Ministre du Conseil des Affaires d'État Wen Jiabao a effectué une visite officielle en Mongolie.

Le 1er juin, le Premier Ministre Wen Jiabao (1er plan, au milieu) à la cérémonie d'accueil tenue en son honneur par le Premier Ministre mongol Sukhbaataryn Batbold.

10月2日至9日，应希腊共和国总理乔治·帕潘德里欧、比利时王国首相伊夫·莱特姆、意大利共和国总理西尔维奥·贝卢斯科尼、土耳其共和国总理雷杰普·塔伊普·埃尔多安的邀请，国务院总理温家宝对四国进行正式访问，并出席在布鲁塞尔举行的第八届亚欧首脑会议和第十三次中欧领导人会晤。期间，温家宝总理还赴德意志联邦共和国与安格拉·默克尔总理举行会晤。

10月3日，温家宝总理（左）在雅典会见希腊总统卡罗洛斯·帕普利亚斯。（左图）

10月5日，温家宝总理（左）在梅泽贝格宫同德国总理默克尔举行会谈。（右图）

From 2 to 9 October, Premier Wen Jiabao paid an official visit to Greece, Belgium, Italy and Turkey at the invitation of Prime Minister George Papandreou of the Hellenic Republic, Prime Minister Yves Leterme of the Kingdom of Belgium, Prime Minister Silvio Berlusconi of the Republic of Italy, and Prime Minister Recep Tayyip Erdogan of the Republic of Turkey and attended the 8th Asia-Europe Meeting and the 13th China-EU Summit in Brussels. Premier Wen Jiabao also traveled to the Federal Republic of Germany and held a meeting with Chancellor Angela Merkel.

On 3 October, Premier Wen Jiabao (left) met with President Karolos Papoulias of Greece in Athens.(Left picture)

On 5 October, Premier Wen Jiabao (left) met with German Chancellor Angela Merkel at Meseberg Schloss. (Right picture)

Du 2 au 9 octobre, sur l'invitation du Premier Ministre de la République hellénique George Papandreou, du Premier Ministre du Royaume de Belgique Yves Leterme, du Président du Conseil de la République italienne Silvio Berlusconi et du Premier Ministre de la République de Turquie Recep Tayyip Erdogan, le Premier Ministre du Conseil des Affaires d'État Wen Jiabao a effectué une visite officielle dans ces trois pays et participé à Bruxelles au 8e Sommet de l'ASEM et au 13e Sommet Chine-UE. Durant ce séjour, il s'est également rendu en République fédérale d'Allemagne pour rencontrer la Chancelière Angela Merkel.

Le 3 octobre, le Premier Ministre Wen Jiabao (à gauche) rencontre à Athènes le Président grec Karolos Papoulias.(Photo à gauche)

Le 5 octobre, le Premier Ministre Wen Jiabao (à gauche) rencontre à Meseberg Schloss la Chancelière allemande Angela Merkel.(Photo à droite)

10月6日，温家宝总理（左）在布鲁塞尔同比利时首相莱特姆举行会谈。（左图）

11月24日，国务院总理温家宝对塔吉克斯坦共和国进行正式访问并出席在杜尚别举行的上海合作组织成员国第九次总理会议。

11月25日，温家宝总理（左）在杜尚别会见塔吉克斯坦总统埃莫马利·拉赫蒙。（右图）

On 6 October, Premier Wen Jiabao (left) held talks with Belgian Prime Minister Yves Leterme in Brussels.(Left picture)

On 24 November, Premier Wen Jiabao paid an official visit to the Republic of Tajikistan and attended the 9th Prime Ministers' Meeting of the Shanghai Cooperation Organization in Dushanbe.

On 25 November, Premier Wen Jiabao (left) met with Tajik President Emomali Rakhmon in Dushanbe.(Right picture)

Le 6 octobre, le Premier Ministre Wen Jiabao (à gauche) s'entretient à Bruxelles avec le Premier Ministre belge Yves Leterme.(Photo à gauche)

Le 24 novembre, le Premier Ministre du Conseil des Affaires d'État Wen Jiabao a effectué une visite officielle en République du Tadjikistan et a participé à la 9e Réunion des Premiers Ministres de l'Organisation de Coopération de Shanghai tenue à Douchanbe.

Le 25 novembre, le Premier Ministre Wen Jiabao (à gauche) rencontre à Douchanbe le Président du Tadjikistan Emomali Rakhmon.(Photo à droite)

12月15日至19日，应印度共和国总理曼莫汉·辛格、巴基斯坦伊斯兰共和国总理赛义德·优素福·拉扎·吉拉尼的邀请，国务院总理温家宝对两国进行正式访问。

12月16日，温家宝总理（左）在新德里同印度总理辛格举行会谈。（左图）

12月18日，温家宝总理（左二）在伊斯兰堡与巴基斯坦总理吉拉尼共同出席巴中友谊中心揭牌仪式。（右图）

From 15 to 19 December, Premier Wen Jiabao of the State Council paid an official visit to India and Pakistan at the invitation of Prime Minister Manmohan Singh of the Republic of India and Prime Minister Syed Yousuf Raza Gilani of the Islamic Republic of Pakistan.

On 16 December, Premier Wen Jiabao (left) held talks with Indian Prime Minister Singh in New Delhi. (Left picture)

On 18 December, Premier Wen Jiabao (second from left), together with Pakistani Prime Minister Gilani, attended the inauguration ceremony for the Pakistan-China Friendship Center in Islamabad. (Right picture)

Du 15 au 19 décembre, sur l'invitation du Premier Ministre de la République de l'Inde Manmohan Singh et du Premier Ministre de la République islamique du Pakistan Syed Yusuf Raza Gillani, le Premier Ministre du Conseil des Affaires d'État Wen Jiabao a effectué une tournée officielle dans ces deux pays.

Le 16 décembre, le Premier Ministre Wen Jiabao (à gauche) s'entretient à New Delhi avec le Premier Ministre indien Manmohan Singh.(Photo à gauche)

Le 18 décembre, le Premier Ministre Wen Jiabao (2e à gauche) participe avec le Premier Ministre pakistanais Syed Yusuf Raza Gillani à l'inauguration du Centre d'amitié Pakistan-Chine à Islamabad.(Photo à droite)

3月23日至4月1日，应喀麦隆共和国国民议会、纳米比亚共和国全国委员会、南非共和国全国省级事务委员会的邀请，全国政协主席贾庆林对三国进行正式友好访问。

3月23日，喀麦隆议长卡瓦耶·耶格·贾布里勒到机场迎接贾庆林主席（前左）到访。（上图）

3月26日，贾庆林主席（前左）在温得和克会见纳米比亚总统希菲凯普涅·波汉巴。（下图）

From 23 March to 1 April, Chairman Jia Qinglin of the National Committee of the Chinese People's Political Consultative Conference (CPPCC) paid an official good-will visit to Cameroon, Namibia and South Africa at the invitation of the National Assembly of the Republic of Cameroon, the National Council of the Republic of Namibia and the National Council of Provinces of the Republic of South Africa.

On 23 March, Cameroonian Speaker Cavaye Yeguie Djibril greeted CPPCC Chairman Jia Qinglin (front left) at the airport.(Upper picture)

On 26 March, CPPCC Chairman Jia Qinglin (front left) met with President Hifikepunye Pohamba of Namibia in Windhoek.(Lower picture)

Du 23 mars au 1er avril, sur l'invitation de l'Assemblée nationale de la République du Cameroun, du Conseil national de la République de Namibie et du Conseil national des Provinces de la République sud-africaine, le Président du Comité national de la Conférence consultative politique du Peuple chinois (CCPPC) Jia Qinglin a effectué une tournée officielle d'amitié dans ces trois pays.

Le 23 mars, le Président de l'Assemblée nationale du Cameroun Cavaye Yeguie Djibril salue le Président Jia Qinglin (1er plan, à gauche) à l'aéroport. (Photo en haut)

Le 26 mars, le Président Jia Qinglin (1er plan, à gauche) rencontre à Windhoek le Président de la République de Namibie Hifikepunye Pohamba. (Photo en bas)

3月29日，贾庆林主席（右）在开普敦与南非全国省级事务委员会主席姆宁瓦·约翰尼斯·马赫兰古举行会谈。（上图）

10月29日至11月11日，应阿拉伯叙利亚共和国全国进步阵线、波兰共和国参议院、阿曼苏丹国协商会议和哈萨克斯坦共和国议会下院的邀请，全国政协主席贾庆林对四国进行正式友好访问。

10月31日，贾庆林主席（右）在大马士革会见叙利亚总统巴沙尔·阿萨德。（下图）

On 29 March, CPPCC Chairman Jia Qinglin (right) held talks with Chairman Mninwa Johannes Mahlangu of the South African National Council of Provinces in Cape Town.(Upper picture)

From 29 October to 11 November, CPPCC Chairman Jia Qinglin paid an official good-will visit to Syria, Poland, Oman and Kazakhstan at the invitation of the National Progressive Front of the Syrian Arab Republic, the Senate of the Republic of Poland, the Majlis al-Shura of the Sultanate of Oman and the Lower House of the Republic of Kazakhstan.

On 31 October, CPPCC Chairman Jia Qinglin (right) met with Syrian President Bashar Al-Assad in Damascus. (Lower picture)

Le 29 mars, le Président Jia Qinglin (à droite) s'entretient au Cap avec le Président du Conseil national des Provinces d'Afrique du Sud Mninwa Johannes Mahlangu.(Photo en haut)

Du 29 octobre au 11 novembre, sur l'invitation du Front national progressiste de la République arabe syrienne, du Sénat de la République de Pologne, du Conseil consultatif du Sultanat d'Oman et de la chambre basse du Parlement de la République du Kazakhstan, le Président du Comité national de la CCPPC Jia Qinglin a effectué une tournée officielle d'amitié dans ces quatre pays.

Le 31 octobre, le Président Jia Qinglin (à droite) rencontre à Damas le Président syrien Bashar Al-Assad.(Photo en bas)

11月7日，贾庆林主席（左）在尼兹瓦会见阿曼苏丹卡布斯·本·赛义德。

On 7 November, CPPCC Chairman Jia Qinglin (left) met with the Sultan of Oman Qaboos Bin Said in Nizwa.

Le 7 novembre, le Président Jia Qinglin (à gauche) rencontre à Nizwa le Sultan d'Oman Qaboos Bin Said.

11月3日，贾庆林主席（右）在华沙会见波兰总统博罗尼斯瓦夫·科莫罗夫斯基。

On 3 November, CPPCC Chairman Jia Qinglin (right) met with Polish President Bronislaw Komorowski in Warsaw.

Le 3 novembre, le Président Jia Qinglin (à droite) rencontre à Varsovie le Président polonais Bronislaw Komorowski.

11月11日，贾庆林主席（左）在阿斯塔纳会见哈萨克斯坦总理卡里姆·马西莫夫。

On 11 November, CPPCC Chairman Jia Qinglin (left) met with Kazak Prime Minister Karim Masimov in Astana.

Le 11 novembre, le Président Jia Qinglin (à gauche) rencontre à Astana le Premier Ministre du Kazakhstan Karim Masimov.

4月12日至16日，应德国、土耳其共和国政府的邀请，中共中央政治局常委李长春对两国进行正式友好访问。

4月13日，中共中央政治局常委李长春（右）在柏林会见德国总统霍斯特·克勒。（上图）

4月16日，中共中央政治局常委李长春（左）在安卡拉总统府会见土耳其总统阿卜杜拉·居尔。（下图）

From 12 to 16 April, Li Changchun, Member of the Standing Committee of the Political Bureau of the CPC Central Committee, paid an official good-will visit to Germany and the Republic of Turkey at the invitation of the governments of the two countries.

On 13 April, Li Changchun (right), Member of the Standing Committee of the Political Bureau of the CPC Central Committee, met with German President Horst Kohler in Berlin. (Upper picture)

On 16 April, Li Changchun (left), Member of the Standing Committee of the Political Bureau of the CPC Central Committee, met with Turkish President Abdullah Gul at the Çankaya Presidential Palace in Ankara.(Lower picture)

Du 12 au 16 avril, sur l'invitation du gouvernement de la République fédérale d'Allemagne et du gouvernement de la République de Turquie, M. Li Changchun, membre du Comité permanent du Bureau politique du Comité central (CC) du Parti communiste chinois (PCC), a effectué une tournée officielle d'amitié dans ces deux pays.

Le 13 avril, M. Li Changchun (à droite), membre du Comité permanent du Bureau politique du CC du PCC, rencontre à Berlin le Président allemand Horst Kohler.(Photo en haut)

Le 16 avril, M. Li Changchun (à gauche), membre du Comité permanent du Bureau politique du CC du PCC, rencontre à Ankara le Président turc Abdullah Gul.(Photo en bas)

From 21 to 28 September, Li Changchun, Member of the Standing Committee of the Political Bureau of the CPC Central Committee, paid an official goodwill visit to the Republic of Estonia, Montenegro, Ireland and the Islamic Republic of Iran at the invitation of the governments of the four countries.

On 24 September, Li Changchun (right), Member of the Standing Committee of the Political Bureau of the CPC Central Committee, met with Prime Minister Milo Djukanovic of Montenegro in Budva.(Left picture)

On 21 September, Li Changchun, Member of the Standing Committee of the Political Bureau of the CPC Central Committee, met with Estonian Prime Minister Andrus Ansip in Tallinn. (Right picture)

Du 21 au 28 septembre, sur l'invitation des gouvernements de la République d'Estonie, du Monténégro, de l'Irlande et de la République islamique d'Iran, M. Li Changchun, membre du Comité permanent du Bureau politique du CC du PCC, a effectué une tournée officielle d'amitié dans ces quatre pays.

Le 24 septembre, M. Li Changchun (à droite), membre du Comité permanent du Bureau politique du CC du PCC, rencontre à Budva le Premier Ministre du Monténégro Milo Djukanovic. (Photo à gauche)

Le 21 septembre, M. Li Changchun (1er plan, à droite), membre du Comité permanent du Bureau politique du CC du PCC, rencontre à Tallinn le Premier Ministre estonien Andrus Ansip. (Photo à droite)

9月21日至28日，应爱沙尼亚共和国、黑山、爱尔兰和伊朗伊斯兰共和国政府的邀请，中共中央政治局常委李长春对四国进行正式友好访问。

9月24日，中共中央政治局常委李长春（右）在布德瓦会见黑山总理米洛·久卡诺维奇。（左图）

9月21日，中共中央政治局常委李长春（前右）在塔林会见爱沙尼亚总理安德鲁斯·安西普。（右图）

9月27日，中共中央政治局常委李长春（右）在都柏林会见爱尔兰总统玛丽·麦卡利斯。（上图）

9月28日，中共中央政治局常委李长春（右）在德黑兰会见伊朗总统马哈茂德·艾哈迈迪内贾德。（下图）

On 27 September, Li Changchun (right), Member of the Standing Committee of the Political Bureau of the CPC Central Committee, met with Irish President Mary McAleese in Dublin.(Upper picture)

On 28 September, Li Changchun (right), Member of the Standing Committee of the Political Bureau of the CPC Central Committee, met with Iranian President Mahmoud Ahmadinejad in Tehran.(Lower picture)

Le 27 septembre, M. Li Changchun (à droite), membre du Comité permanent du Bureau politique du CC du PCC, rencontre à Dublin la Présidente irlandaise Mary McAleese. (Photo en haut)

Le 28 septembre, M. Li Changchun (à droite), membre du Comité permanent du Bureau politique du CC du PCC, rencontre à Téhéran le Président iranien Mahmoud Ahmadinejad. (Photo en bas)

Du 20 au 30 avril, sur l'invitation du Premier Ministre de la Fédération de Russie et Président du Parti Russie Unie Vladimir Vladimirovitch Poutine, du Président de la République du Bélarus Alexandre Loukachenko, de la Présidente de la République de Finlande Tarja Halonen et du Premier Ministre suédois Fredrik Reinfeldt, le Vice-Président chinois Xi Jinping a effectué une tournée officielle dans ces quatre pays et participé à Moscou à l'inauguration de l'« Année du chinois » en Russie et à l'ouverture du deuxième Dialogue sino-russe entre les partis au pouvoir.

Le 23 mars, le Vice-Président Xi Jinping (à droite) s'entretient à Moscou avec le Premier Ministre russe Vladimir Vladimirovitch Poutine.

3月20日至30日，应俄罗斯联邦政府总理、统一俄罗斯党主席弗拉基米尔・普京，白俄罗斯共和国总统亚历山大・卢卡申科，芬兰共和国总统塔里娅・哈洛宁，瑞典王国首相弗雷德里克・赖因费尔特的邀请，国家副主席习近平对四国进行正式访问，并出席在莫斯科举行的俄罗斯“汉语年”开幕式和中俄执政党对话机制第二次会议开幕式。

3月23日，习近平副主席（右）在莫斯科同俄罗斯总理普京举行会谈。

From 20 to 30 March, Vice President Xi Jinping paid an official visit to Russia, Belarus, Finland and Sweden at the invitation of Vladimir Vladimirovich Putin, Prime Minister of the Russian Federation and Chairman of the United Russia Party, President Alexander Lukashenko of the Republic of Belarus, President Tarja Halonen of the Republic of Finland and Prime Minister Fredrik Reinfeldt of the Kingdom of Sweden, and attended the opening ceremony for the "Year of Chinese Language" in Russia and the opening ceremony of the second meeting of dialogue mechanism between the ruling parties of China and Russia both held in Moscow.

On 23 March, Vice President Xi Jinping (right) held talks with Russian Prime Minister Vladimir Vladimirovich Putin in Moscow.

3月24日，习近平副主席（前左）抵达明斯克，开始对白俄罗斯进行正式访问。图为白俄罗斯女青年按传统礼仪欢迎习近平副主席到访。（上图）

On 24 March, Vice President Xi Jinping (front left) arrived in Minsk and started his official visit to Belarus. He was welcomed according to the traditional Belarusian ritual.(Upper picture)

Le 24 mars, le Vice-Président Xi Jinping (1er plan, à gauche), arrivé à Minsk pour une visite officielle en Bélarus, est accueilli selon la coutume locale par une jeune fille.(Photo en haut)

6月14日至24日，应孟加拉人民共和国总理谢赫·瓦吉德·哈西娜、老挝人民民主共和国副主席本扬·沃拉吉、新西兰总理约翰·基、澳大利亚联邦政府总理陆克文的邀请，国家副主席习近平对四国进行正式访问。

6月18日，习近平副主席（左）在奥克兰同新西兰总理约翰·基举行会谈。（下图）

From 14 to 24 June, Vice President Xi Jinping paid an official visit to Bangladesh, the Lao People's Democratic Republic, New Zealand and Australia at the invitation of Prime Minister Sheikh Wazed Hasina of the People's Republic of Bangladesh, Vice President Bounnhang Vorachith of the Lao People's Democratic Republic, Prime Minister John Key of New Zealand and Prime Minister Kevin Rudd of the Commonwealth of Australia.

On 18 June, Vice President Xi Jinping (left) held talks with Prime Minister John Key of New Zealand in Auckland. (Lower picture)

Du 14 au 24 juin, sur l'invitation du Premier Ministre de la République populaire du Bangladesh Sheikh Wazed Hasina, du Vice-Président de la République démocratique populaire lao Bounnhang Vorachith, du Premier Ministre de la Nouvelle-Zélande John Key et du Premier Ministre du gouvernement fédéral australien Kevin Rudd, le Vice-Président Xi Jinping a effectué une tournée officielle dans ces quatre pays.

Le 18 juin, le Vice-Président Xi Jinping (à gauche) s'entretient à Auckland avec le Premier Ministre de la Nouvelle-Zélande John Key.(Photo en bas)

6月21日，习近平副主席（中）在堪培拉会见澳大利亚联邦众议长哈利·詹金斯（左）和参议长约翰·霍格（右）。（左图）

On 21 June, Vice President Xi Jinping (middle) met with Harry Jenkins (left), Speaker of the House of Representatives of Australia, and John Hogg (right), President of the Senate, in Canberra.(Left picture)

Le 21 juin, le Vice-Président Xi Jinping (au milieu) rencontre à Canberra le Président de la Chambre des Représentants Harry Jenkins (à gauche) et le Président du Sénat John Hogg (à droite).(Photo à gauche)

11月14日至24日，应新加坡共和国总理李显龙、南非共和国副总统卡莱马·莫特兰蒂、安哥拉共和国副总统费尔南多·多斯桑托斯和博茨瓦纳共和国副总统蒙帕蒂·梅拉费的邀请，国家副主席习近平对四国进行正式访问。

From 14 to 24 November, Vice President Xi Jinping paid an official visit to Singapore, South Africa, Angola and Botswana at the invitation of Prime Minister Lee Hsien Loong of the Republic of Singapore, Vice President Kgalema Mothlante of the Republic of South Africa, Vice President Fernando dos Santos of the Republic of Angola and Vice President Mompati Merafhe of the Republic Botswana.

Du 14 au 24 novembre, sur l'invitation du Premier Ministre de la République de Singapour Lee Hsien Loong, du Vice-Président de la République sud-africaine Kgalema Mothlante, du Vice-Président de la République d'Angola Fernando dos Santos et du Vice-Président de la République du Botswana Mompati Merafhe, le Vice-Président Xi Jinping a effectué une tournée officielle dans ces quatre pays.

11月22日，习近平副主席（右）在哈博罗内会见博茨瓦纳总统伊恩·卡马。（中图）

On 22 November, Vice President Xi Jinping (right) met with President Ian Khama of the Republic of Botswana in Gaborone.(Middle picture)

Le 22 novembre, le Vice-Président Xi Jinping (à droite) rencontre à Gaborone le Président de la République du Botswana Ian Khama.(Photo au milieu)

11月19日，习近平副主席（左）在罗安达会见安哥拉总统若泽·爱德华多·多斯桑托斯。（右图）

On 19 November, Vice President Xi Jinping (left) met with President Jose Eduardo dos Santos of the Republic of Angola in Luanda.(Right picture)

Le 19 novembre, le Vice-Président Xi Jinping (à gauche) rencontre à Luanda le Président de la République d'Angola Jose Eduardo dos Santos.(Photo à droite)

1月25日至28日，应瑞士联邦主席多丽丝·洛伊特哈德和世界经济论坛主席克劳斯·施瓦布的邀请，国务院副总理李克强访问瑞士并出席在达沃斯举行的2010年世界经济论坛年会。

1月26日，李克强副总理（右）在伯尔尼与瑞士联邦主席洛伊特哈德举行会谈。（左图）

1月28日，李克强副总理（前左）在达沃斯会见世界经济论坛主席施瓦布。（右图）

From 25 to 28 January, Vice Premier Li Keqiang of the State Council paid a visit to Switzerland and attended the World Economic Forum Annual Meeting 2010 held in Davos at the invitation of President Doris Leuthard of the Swiss Confederation and Executive Chairman Klaus Schwab of the World Economic Forum.

On 26 January, Vice Premier Li Keqiang (right) held talks with President Doris Leuthard of the Swiss Confederation in Berne.(Left picture)

On 28 January, Vice Premier Li Keqiang (front left) met with Executive Chairman Klaus Schwab of the World Economic Forum in Davos.(Right picture)

Du 25 au 28 janvier, sur l'invitation de la Présidente de la Confédération suisse Doris Leuthard et du Président exécutif du Forum économique mondial Klaus Schwab, le Vice-Premier Ministre du Conseil des Affaires d'État Li Keqiang a effectué une visite en Suisse et a participé au Forum économique mondial 2011 tenu à Davos.

Le 26 janvier, le Vice-Premier Ministre Li Keqiang (à droite) s'entretient à Berne avec la Présidente de la Confédération suisse Doris Leuthard. (Photo à gauche)

Le 28 janvier, le Vice-Premier Ministre Li Keqiang (1er plan, à gauche) rencontre à Davos le Président exécutif du Forum économique mondial Klaus Schwab. (Photo à droite)

6月5日至19日，应意大利共和国、冰岛共和国、挪威王国、立陶宛共和国和土库曼斯坦政府的邀请，中共中央政治局常委、中央纪委书记贺国强对五国进行正式友好访问。

6月8日，中共中央政治局常委、中央纪委书记贺国强（左）在罗马会见意大利总理贝卢斯科尼。（上图）

6月9日，中共中央政治局常委、中央纪委书记贺国强（前左）在雷克雅未克会见冰岛总统奥拉维尔·拉格纳·格里姆松。（下图）

From 5 to 19 June, He Guoqiang, Member of the Standing Committee of the Political Bureau of the CPC Central Committee and Secretary of the Central Commission for Discipline Inspection, paid an official good-will visit to the Republic of Italy, the Republic of Iceland, the Kingdom of Norway, the Republic of Lithuania and Turkmenistan at the invitation of the governments of the five countries.

On 8 June, He Guoqiang (left), Member of the Standing Committee of the Political Bureau of the CPC Central Committee and Secretary of the Central Commission for Discipline Inspection, met with Italian Prime Minister Silvio Berlusconi in Rome.(Upper picture)

On 9 June, He Guoqiang (front left), Member of the Standing Committee of the Political Bureau of the CPC Central Committee and Secretary of the Central Commission for Discipline Inspection, met with President Olafur Ragnar Grimsson of Iceland in Reykjavik.(Lower picture)

Du 5 au 19 juin, sur l'invitation des gouvernements de la République italienne, de la République d'Islande, du Royaume de Norvège, de la République de Lituanie et du Turkménistan, M. He Guoqiang, membre du Comité permanent du Bureau politique du CC du PCC et Secrétaire de la Commission centrale de Contrôle de la Discipline du PCC, a effectué une tournée officielle d'amitié dans ces cinq pays.

Le 8 juin, M. He Guoqiang (à gauche), membre du Comité permanent du Bureau politique du CC et Secrétaire de la Commission centrale de Contrôle de la Discipline du PCC, rencontre à Rome le Président du Conseil italien Silvio Berlusconi. (Photo en haut)

Le 9 juin, M. He Guoqiang (1er plan, à gauche), membre du Comité permanent du Bureau politique du CC et Secrétaire de la Commission centrale de Contrôle de la Discipline du PCC, rencontre à Reykjavik le Président de la République d'Islande Olafur Ragnar Grimsson. (Photo en bas)

6月11日，中共中央政治局常委、中央纪委书记贺国强（右一）在奥斯陆会见挪威首相延斯·斯托尔滕贝格。（上图）

On 11 June, He Guoqiang (first from right), Member of the Standing Committee of the Political Bureau of the CPC Central Committee and Secretary of the Central Commission for Discipline Inspection, met with Prime Minister Jens Stoltenberg of Norway in Oslo.(Upper picture)

Le 11 juin, M. He Guoqiang (1er à droite), membre du Comité permanent du Bureau politique du CC et Secrétaire de la Commission centrale de Contrôle de la Discipline du PCC, rencontre à Oslo le Premier Ministre norvégien Jens Stoltenberg.(Photo en haut)

6月15日，中共中央政治局常委、中央纪委书记贺国强（左）在维尔纽斯会见立陶宛总统达里娅·格里鲍斯凯婕。(下图)

On 15 June, He Guoqiang (left), Member of the Standing Committee of the Political Bureau of the CPC Central Committee and Secretary of the Central Commission for Discipline Inspection, met with President Dalia Grybauskaite of Lithuania in Vilnius.(Lower picture)

Le 15 juin, M. He Guoqiang (à gauche), membre du Comité permanent du Bureau politique du CC et Secrétaire de la Commission centrale de Contrôle de la Discipline du PCC, rencontre à Vilnius la Présidente de la République de Lituanie Dalia Grybauskaite.(Photo en bas)

6月16日，中共中央政治局常委、中央纪委书记贺国强（左）出访过境巴库时，会见阿塞拜疆共和国总理阿尔图尔·拉西扎德。

On 16 June, He Guoqiang (left), Member of the Standing Committee of the Political Bureau of the CPC Central Committee and Secretary of the Central Commission for Discipline Inspection, met with Prime Minister Artur Rasizade of the Republic of Azerbaijan during a stopover in Baku.

Le 16 juin, lors de son escale à Baku, M. He Guoqiang (à gauche), membre du Comité permanent du Bureau politique du CC et Secrétaire de la Commission centrale de Contrôle de la Discipline du PCC, rencontre le Premier Ministre de la République d'Azerbaïdjan Artur Rasizade.

6月18日，中共中央政治局常委、中央纪委书记贺国强（左）在阿什哈巴德会见土库曼斯坦总统库尔班古力·别尔德穆哈梅多夫。

On 18 June, He Guoqiang (left), Member of the Standing Committee of the Political Bureau of the CPC Central Committee and Secretary of the Central Commission for Discipline Inspection, met with President Gurbanguly Berdymukhamedov of Turkmenistan in Ashgabat.

Le 18 juin, M. He Guoqiang (à gauche), membre du Comité permanent du Bureau politique du CC et Secrétaire de la Commission centrale de Contrôle de la Discipline du PCC, rencontre à Ashgabat le Président du Turkménistan Gurbanguly Berdymukhamedov.

10月9日至11日，应朝鲜劳动党中央委员会的邀请，中共中央政治局常委、中央政法委书记周永康率中国共产党代表团对朝鲜民主主义人民共和国进行正式友好访问。

10月9日，中共中央政治局常委、中央政法委书记周永康（前中）抵达平壤。（上图）

10月9日，中共中央政治局常委、中央政法委书记周永康（右二）在平壤"五一"体育场，应邀与朝鲜领导人共同观看为庆祝朝鲜劳动党建党65周年举办的大型团体操和艺术表演《阿里郎》。（下图）

From 9 to 11 October, Zhou Yongkang, Member of the Standing Committee of the Political Bureau of the CPC Central Committee and Secretary of the Commission for Political and Legislative Affairs of the CPC Central Committee, led a CPC delegation on an official good-will visit to the Democratic People's Republic of Korea (DPRK) at the invitation of the Central Committee of the Workers' Party of Korea.

On 9 October, Zhou Yongkang (front middle), Member of the Standing Committee of the Political Bureau of the CPC Central Committee and Secretary of the Commission for Political and Legislative Affairs of the CPC Central Committee, arrived in Pyongyang.(Upper picture)

On 9 October, Zhou Yongkang (second from right), Member of the Standing Committee of the Political Bureau of the CPC Central Committee and Secretary of the Commission for Political and Legislative Affairs of the CPC Central Committee, watched "Arirang", a mass gymnastic and artistic performance to mark the 65th anniversary of the Workers' Party of Korea, together with leaders of the DPRK at the May Day Stadium in Pyongyang.(Lower picture)

Du 9 au 11 octobre, sur l'invitation du Comité central du Parti du Travail de Corée (PTC), M. Zhou Yongkang, membre du Comité permanent du Bureau politique du CC du PCC et Secrétaire de la Commission des Affaires politiques et juridiques du CC du PCC, a effectué une visite officielle d'amitié en République populaire démocratique de Corée (RPDC) à la tête d'une délégation du PCC.

Le 9 octobre, arrivée de M. Zhou Yongkang (1er plan, au milieu), membre du Comité permanent du Bureau politique du CC du PCC et Secrétaire de la Commission des Affaires politiques et juridiques du CC du PCC, à Pyongyang.(Photo en haut)

Le 9 octobre, M. Zhou Yongkang (2e à droite), membre du Comité permanent du Bureau politique du CC du PCC et Secrétaire de la Commission des Affaires politiques et juridiques du CC du PCC, assiste avec des dirigeants de la RPDC au grand spectacle de gymnastique de masse *Arirang*, organisé à l'occasion du 65e anniversaire du PTC, au Stade du 1er Mai à Pyongyang.(Photo en bas)

11月1日，中共中央政治局常委、中央政法委书记周永康（左）在新德里会见印度国大党主席索尼娅·甘地。

On 1 November, Zhou Yongkang (left), Member of the Standing Committee of the Political Bureau of the CPC Central Committee and Secretary of the Commission for Political and Legislative Affairs of the CPC Central Committee, met with President Sonia Gandhi of the Indian National Congress Party in New Delhi.

Le 1er novembre, M. Zhou Yongkang (à gauche), membre du Comité permanent du Bureau politique du CC du PCC et Secrétaire de la Commission des Affaires politiques et juridiques du CC du PCC, rencontre à New Delhi la Présidente du Congrès national indien Sonia Gandhi.

6月9日，塞浦路斯共和国总统迪米特里斯·赫里斯托菲亚斯（左二）在尼科西亚总统府会见中共中央政治局委员、全国政协副主席王刚（右一）。（上图）

12月15日，第21届中美商贸联委会全会在华盛顿举行，国务院副总理王岐山（中）与美利坚合众国商务部长骆家辉（左）、贸易代表罗恩·柯克（右）共同主持会议。（下图）

On 9 June, President Dimitris Christofias of the Republic of Cyprus met with Wang Gang (first from right), Member of the Political Bureau of the CPC Central Committee and Vice Chairman of the CPPCC National Committee. (Upper picture)

On 15 December, the 21st session of the China-US Joint Commission on Commerce and Trade was held in Washington DC. It was co-chaired by Vice Premier Wang Qishan (lower) of the State Council, Secretary of Commerce of the United States of America Gary Faye Locke (left) and US Trade Representative Ron Kirk (right). (Lower picture)

Le 9 juin, le Président de la République de Chypre Dimitris Christofias reçoit M. Wang Gang (1er à droite), membre du Bureau politique du CC du PCC et Vice-Président du Comité national de la CCPPC. (Photo en haut)

Le 15 décembre, le Vice-Premier Ministre du Conseil des Affaires d'État Wang Qishan (en bas) copréside avec le Secrétaire américain au Commerce Gary Faye Locke (à gauche) et le Représentant américain pour le commerce extérieur Ron Kirk (à droite) la 21e Réunion de la Commission conjointe sino-américaine sur le Commerce tenue à Washington. (Photo en bas)

3月20日，老挝人民民主共和国人民革命党中央总书记、国家主席朱马里·赛雅颂在万象会见国务院副总理回良玉（左）。（上图）

On 20 March, Choummaly Sayasone, General Secretary of the Lao People's Revolutionary Party and President of the Lao People's Democratic Republic met with Vice Premier Hui Liangyu (left) of the State Council in Vientiane.(Upper picture)

Le 20 mars, le Secrétaire général du Comité central du Parti populaire révolutionnaire lao et Président de la République démocratique populaire lao Choummaly Sayasone reçoit à Vientiane le Vice-Premier Ministre du Conseil des Affaires d'État Hui Liangyu (à gauche).(Photo en haut)

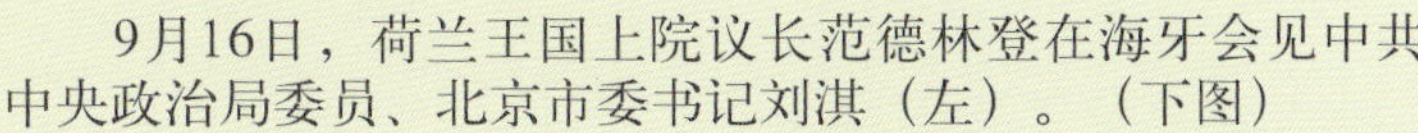

9月16日，荷兰王国上院议长范德林登在海牙会见中共中央政治局委员、北京市委书记刘淇（左）。（下图）

On 16 September, President Rene Van der Linden of the House of Lords of the Kingdom of the Netherlands met with Liu Qi (left), Member of the Political Bureau of the CPC Central Committee and Secretary of the CPC Beijing Municipal Committee, in the Hague.(Lower picture)

Le 16 septembre, le Président du Sénat du Royaume des Pays-Bas Rene van der Linden rencontre à la Haye M. Liu Qi (à gauche), membre du Bureau politique du CC du PCC et Secrétaire du Comité du PCC pour la municipalité de Beijing.(Photo en bas)

8月30日，阿尔巴尼亚共和国总统巴米尔·托皮在地拉那会见中共中央政治局委员、中宣部部长刘云山（左）。（上图）

On 30 August, President Bamir Topi of the Republic of Albania met with Liu Yunshan (left), Member of the Political Bureau of the CPC Central Committee and head of the Publicity Department of the CPC Central Committee, in Tirana.(Upper picture)

Le 30 août, le Président de la République d'Albanie Bamir Topi reçoit à Tirana M. Liu Yunshan (à gauche), membre du Bureau politique et Chef du Département de la Communication du CC du PCC.(Photo en haut)

12月27日，厄瓜多尔共和国总统拉斐尔·科雷亚·德尔加多在基多会见中共中央政治局委员、国务委员刘延东（左一）。（下图）

On 27 December, President Rafael Correa Delgado of the Republic of Ecuador met with State Councilor Liu Yandong (first from left) in Quito.(Lower picture)

Le 27 décembre, le Président de la République de l'Équateur Rafael Correa Delgado reçoit à Guito Mme Liu Yandong (1ère à gauche), membre du Bureau politique du CC du PCC et Conseillère d'État.(Photo en bas)

6月16日，俄罗斯统一俄罗斯党最高委员会常委、俄罗斯政府副总理亚历山大·德米特里耶维奇·茹科夫在莫斯科会见中共中央政治局委员、广东省委书记汪洋（左）。（上图）

4月16日，新加坡共和国总统纳丹在新加坡会见中共中央政治局委员、中组部部长李源潮（左）。（下图）

On 16 June, Alexander Dmitriyevich Zhukov, Member of the Standing Committee of the Supreme Council of the United Russia Party and Deputy Prime Minister of the Russian Federation, met with Wang Yang (left), Member of the Political Bureau of the CPC Central Committee and Secretary of the CPC Guangdong Provincial Committee, in Moscow.(Upper picture)

On 16 April, President S. R. Nathan of the Republic of Singapore met with Li Yuanchao (left), Member of the Political Bureau of the CPC Central Committee and head of the Organization Department of the CPC Central Committee, in Singapore.(Lower picture)

Le 16 juin, M. Alexander Dmitriyevich Zhukov, membre du Comité permanent du Conseil suprême du Parti Russie Unie et Vice-Premier Ministre de la Fédération de Russie, reçoit à Moscou M. Wang Yang (à gauche), membre du Bureau politique du CC du PCC et Secrétaire du Comité du PCC pour la province du Guangdong. (Photo en haut)

Le 16 avril, le Président de la République de Singapour S.R. Nathan reçoit à Singapour M. Li Yuanchao (à gauche), membre du Bureau politique et Chef du Département de l'Oraganisation du CC du PCC. (Photo en bas)

11月7日，以色列国总统西蒙·佩雷斯在耶路撒冷会见中共中央政治局委员、天津市委书记张高丽（左）。（上图）

6月11日，斯里兰卡民主社会主义共和国总理迪萨纳亚卡·贾亚拉特纳在科伦坡会见国务院副总理张德江（左）。（下图）

On 7 November, President Shimon Peres of the State of Israel met with Zhang Gaoli (left), Member of the Political Bureau of the CPC Central Committee and Secretary of the CPC Tianjin Municipal Committee, in Jerusalem. (Upper picture)

On 11 June, Prime Minister Disanayaka Mudiyanselage Jayaratne of the Democratic Socialist Republic of Sri Lanka met with Vice Premier Zhang Dejiang (left) of the State Council in Colombo.(Lower picture)

Le 7 novembre, le Président de l'État d'Israël Shimon Peres reçoit à Jérusalem M. Zhang Gaoli (à gauche), membre du Bureau politique du CC du PCC et Secrétaire du Comité du PCC pour la municipalité de Tianjin. (Photo en haut)

Le 11 juin, le Premier Ministre de la République démocratique socialiste de Sri Lanka Disanayaka Mudiyanselage Jayaratne reçoit à Colombo le Vice-Premier Ministre du Conseil des Affaires d'État Zhang Dejiang (à gauche). (Photo en bas)

11月3日，阿拉伯联合酋长国副总统兼总理、迪拜酋长穆罕默德·本·拉希德·阿勒马克图姆在迪拜会见中共中央政治局委员、中央军委副主席徐才厚上将（左）。（上图）

On 3 November, Sheikh Mohammed Bin Rashid Al-Maktoum, Vice President and Prime Minister of the United Arab Emirates and Emir of Dubai, met with General Xu Caihou (left), Member of the Political Bureau of the CPC Central Committee and Vice Chairman of the Central Military Commission, in Dubai.(Upper picture)

Le 3 novembre, le Vice-Président, Premier Ministre des Émirats arabes unis et Émir de Dubaï Sheikh Mohammed Bin Rashid Al-Maktoum reçoit à Dubaï le Général Xu Caihou (à gauche), membre du Bureau politique du CC et Vice-Président de la Commission militaire centrale du PCC.(Photo en haut)

5月13日，中共中央政治局委员、中央军委副主席郭伯雄上将（右）在堪培拉与澳大利亚国防部长约翰·福克纳举行会谈。（下图）

On 13 May, General Guo Boxiong (right), Member of the Political Bureau of the CPC Central Committee and Vice Chairman of the Central Military Commission, held talks with Minister for Defense of Australia John Faulkner in Canberra. (Lower picture)

Le 13 mai, le Général Guo Boxiong (à droite), membre du Bureau politique du CC et Vice-Président de la Commission militaire centrale du PCC, s'entretient à Canberra avec le Ministre australien de la Défense John Faulkner.(Photo en bas)

10月10日，越共中央总书记农德孟（右）在河内会见国务委员兼国防部长梁光烈上将（左）。（上图）

11月26日，国务委员马凯（前右）在汉堡与德国副总理兼外长古多·韦斯特维勒共同出席“中国与欧洲相遇”汉堡峰会。（下图）

On 10 October, General Secretary Nong Duc Manh of the Central Committee of the Communist Party of Viet Nam met with General Liang Guanglie (left), State Councilor and Minister of Defense, in Hanoi.(Upper picture)

On 26 November, State Councilor Ma Kai (front right) attended the “Hamburg Summit: China meets Europe” together with Guido Westerwelle, Vice-Chancellor and Foreign Minister of Germany, in Hamburg.(Lower picture)

Le 10 octobre, le Secrétaire général du Parti communiste vietnamien Nong Duc Manh (à droite) reçoit à Hanoï le Général Liang Guanglie (à gauche), Conseiller d'État et Ministre de la Défense. (Photo en haut)

Le 26 novembre, le Conseiller d'État Ma Kai (1er plan, à droite) participe avec le Vice-Premier Ministre et Ministre des Affaires étrangères de l'Allemagne Guido Westerwelle au Sommet de Hambourg ayant pour thème « La Chine rencontre l'Europe ». (Photo en bas)

10月10日，沙特阿拉伯王国国王阿卜杜拉·本·阿卜杜勒阿齐兹·阿勒沙特在利雅得会见国务委员兼公安部部长孟建柱（左）。

On 10 October, King Abdullah Bin Abdul-Aziz Al-Saud of the Kingdom of Saudi Arabia met with Meng Jianzhu (left), State Councilor and Minister of Public Security, in Riyadh.

Le 10 octobre, Sa Majesté le Roi Abdullah Bin Abdul-Aziz Al-Saud d'Arabie saoudite reçoit à Riyad le Conseiller d'État et Ministre de la Sécurité publique Meng Jianzhu (à gauche).

1月25日，文莱苏丹哈桑纳尔·博尔基亚在斯里巴加湾会见国务委员戴秉国（左）。

On 25 January, Brunei Sultan Hassanal Bolkiah met with State Councilor Dai Bingguo (left) in Bandar Seri Begawan.

Le 25 janvier, le Sultan du Brunéi Hassanal Bolkiah reçoit à Bandar Seri Begawan le Conseiller d'État Dai Bingguo (à gauche).

1月19日至22日，应国家主席胡锦涛邀请，奥地利共和国总统海因茨·菲舍尔对我国进行国事访问。

1月20日，胡锦涛主席在北京人民大会堂为奥地利总统菲舍尔（前右）举行欢迎仪式。

From 19 to 22 January, Federal President of the Republic of Austria Heinz Fischer paid a state visit to China at the invitation of President Hu Jintao.

On 20 January, President Hu Jintao held a welcoming ceremony for Austrian President Fischer (front right) at the Great Hall of the People in Beijing.

Du 19 au 22 janvier, sur l'invitation du Président chinois Hu Jintao, le Président de la République d'Autriche Heinz Fischer a effectué une visite d'État en Chine.

Le 20 janvier, le Président Hu Jintao tient une cérémonie d'accueil en l'honneur du Président Heinz Fischer (1er plan, à droite) au Grand Palais du Peuple.

2月24日至3月4日，应国家主席胡锦涛邀请，赞比亚共和国总统鲁皮亚·班达对我国进行国事访问。

2月25日，胡锦涛主席在北京人民大会堂为赞比亚总统班达（前右）举行欢迎仪式。（上图）

From 24 February to 4 March, President Rupiah Banda of the Republic of Zambia paid a state visit to China at the invitation of President Hu Jintao.

On 25 February, President Hu Jintao held a welcoming ceremony for Zambian President Banda (front right) at the Great Hall of the People in Beijing.(Upper picture)

Du 24 février au 4 mars, sur l'invitation du Président Hu Jintao, le Président de la République de Zambie Rupiah Banda a effectué une visite d'État en Chine.

Le 25 février, le Président Hu Jintao tient une cérémonie d'accueil en l'honneur du Président Rupiah Banda (1er plan, à droite) au Grand Palais du Peuple.(Photo en haut)

3月23日至25日，应国家主席胡锦涛邀请，阿富汗伊斯兰共和国总统哈米德·卡尔扎伊对我国进行国事访问。

3月24日，胡锦涛主席在北京人民大会堂同阿富汗总统卡尔扎伊（左）举行会谈。（下图）

From 23 to 25 March, President Hamid Karzai of the Islamic Republic of Afghanistan paid a state visit to China at the invitation of President Hu Jintao.

On 24 March, President Hu Jintao held talks with Afghan President Karzai (left) at the Great Hall of the People in Beijing. (Lower picture)

Du 23 au 25 mars, sur l'invitation du Président Hu Jintao, le Président de la République islamique d'Afghanistan Hamid Karzai a effectué une visite d'État en Chine.

Le 24 mars, le Président Hu Jintao s'entretient avec le Président Hamid Karzai (à gauche) au Grand Palais du Peuple.(Photo en bas)

4月28日至5月4日，应国家主席胡锦涛邀请，密克罗尼西亚联邦总统伊曼纽尔·莫里对我国进行国事访问。

5月2日，胡锦涛主席在上海为密克罗尼西亚总统莫里（前右）举行欢迎仪式。（上图）

4月29日至5月3日，应国家主席胡锦涛邀请，肯尼亚共和国总统姆瓦伊·齐贝吉对我国进行国事访问。

5月1日，胡锦涛主席在上海同肯尼亚总统齐贝吉（左）举行会谈。（下图）

From 28 April to 4 May, President Emanuel Mori of the Federated States of Micronesia paid a state visit to China at the invitation of President Hu Jintao.

On 2 May, President Hu Jintao held a welcoming ceremony for President Mori (front right) in Shanghai.(Upper picture)

From 29 April to 3 May, President Mwai Kibaki of the Republic of Kenya paid a state visit to China at the invitation of President Hu Jintao.

On 1 May, President Hu Jintao held talks with Kenyan President Kibaki (left) in Shanghai.(Lower picture)

Du 28 avril au 4 mai, sur l'invitation du Président Hu Jintao, le Président des États fédérés de Micronésie Emanuel Mori a effectué une visite d'État en Chine.

Le 2 mai, le Président Hu Jintao tient une cérémonie d'accueil en l'honneur du Président Emanuel Mori (1er plan, à droite) à Shanghai.(Photo en haut)

Du 29 avril au 3 mai, sur l'invitation du Président Hu Jintao, le Président de la République du Kenya Mwai Kibaki a effectué une visite d'État en Chine.

Le 1er mai, le Président Hu Jintao s'entretient à Shanghai avec le Président Mwai Kibaki (à gauche).(Photo en bas)

5月3日至7日，应国家主席胡锦涛邀请，朝鲜劳动党总书记、国防委员会委员长金正日访华。

5月5日，胡锦涛主席在北京人民大会堂同朝鲜劳动党总书记、国防委员会委员长金正日（左）举行会谈。

From 3 to 7 May, Kim Jong Il, General Secretary of the Workers' Party of Korea and Chairman of the National Defense Commission of the DPRK, visited China at the invitation of President Hu Jintao.

On 5 May, President Hu Jintao held talks with Kim Jong Il (left), General Secretary of the Workers' Party of Korea and Chairman of the National Defense Commission of the DPRK, at the Great Hall of the People in Beijing.

Du 3 au 7 mai, sur l'invitation du Président Hu Jintao, le Secrétaire général du Parti du Travail de Corée (PTC) et Président de la Commission de la Défense nationale de la République populaire démocratique de Corée (RPDC) Kim Jong-il a effectué une visite en Chine.

Le 5 mai, le Président Hu Jintao s'entretient avec le Secrétaire général du PTC et Président de la Commission de la Défense nationale de la RPDC Kim Jong-il (à gauche) au Grand Palais du Peuple.

5月26日至31日，应国家主席胡锦涛邀请，印度共和国总统普拉蒂巴·帕蒂尔对我国进行国事访问。

5月27日，胡锦涛主席在北京人民大会堂为印度总统帕蒂尔（前右）举行欢迎仪式。（上图）

From 26 to 31 May, President Pratibha Patil of the Republic of India paid a state visit to China at the invitation of President Hu Jintao.

On 27 May, President Hu Jintao held a welcoming ceremony for Indian President Patil (front right) at the Great Hall of the People in Beijing.(Upper picture)

Du 26 au 31 mai, sur l'invitation du Président Hu Jintao, la Présidente de la République de l'Inde Pratibha Patil a effectué une visite d'État en Chine.

Le 27 mai, le Président Hu Jintao tient une cérémonie d'accueil en l'honneur de la Présidente Pratibha Patil (1er plan, à droite) au Grand Palais du Peuple.(Photo en haut)

7月11日至15日，应国家主席胡锦涛邀请，阿根廷共和国总统克里斯蒂娜·费尔南德斯·德基什内尔对我国进行国事访问。

7月13日，胡锦涛主席在北京人民大会堂为阿根廷总统克里斯蒂娜（前右）举行欢迎仪式。（下图）

From 11 to 15 July, President Cristina Fernández de Kirchner of the Argentine Republic paid a state visit to China at the invitation of President Hu Jintao.

On 13 July, President Hu Jintao held a welcoming ceremony for Argentine President Cristina Fernández de Kirchner (front right) at the Great Hall of the People in Beijing.(Lower picture)

Du 11 au 15 juillet, sur l'invitation du Président Hu Jintao, la Présidente de la République argentine Cristina Fernandez de Kirchner a effectué une visite d'État en Chine.

Le 13 juillet, le Président Hu Jintao tient une cérémonie d'accueil en l'honneur de la Présidente Cristina Fernandez de Kirchner (1er plan, à droite) au Grand Palais du Peuple.(Photo en bas)

7月6日至11日，应国家主席胡锦涛邀请，巴基斯坦伊斯兰共和国总统阿西夫·阿里·扎尔达里来华进行工作访问。

7月7日，胡锦涛主席在北京人民大会堂同巴基斯坦总统扎尔达里（左）举行会谈。

From 6 to 11 July, President Asif Ali Zardari of the Islamic Republic of Pakistan paid a working visit to China at the invitation of President Hu Jintao.

On 7 July, President Hu Jintao held talks with President Asif Ali Zardari (left) of Pakistan in the Great Hall of the People in Beijing.

Du 6 au 11 juillet, sur l'invitation du Président Hu Jintao, le Président de la République islamique du Pakistan Asif Ali Zardari a effectué une visite de travail en Chine.

Le 7 juillet, le Président Hu Jintao s'entretient avec le Président pakistanais Asif Ali Zardari (à gauche) au Grand Palais du Peuple à Beijing.

8月11日至13日，应国家主席胡锦涛邀请，津巴布韦共和国总统罗伯特·穆加贝访华。

8月13日，胡锦涛主席在北京人民大会堂与津巴布韦总统穆加贝（左）举行会谈。

From 11 to 13 August, President Robert Mugabe of the Republic of Zimbabwe visited China at the invitation of President Hu Jintao.

On 13 August, President Hu Jintao held talks with Zimbabwean President Mugabe (left) at the Great Hall of the People in Beijing.

Du 11 au 13 août, sur l'invitation du Président Hu Jintao, le Président de la République du Zimbabwe Robert Mugabe a effectué une visite en Chine.

Le 13 août, le Président Hu Jintao s'entretient avec le Président Robert Mugabe (à gauche) au Grand Palais du Peuple.

8月18日，国家主席胡锦涛在北京人民大会堂会见赤道几内亚共和国总统特奥多罗·奥比昂·恩圭马·姆巴索戈（左）。（上图）

On 18 August, President Hu Jintao met with President Teodoro Obiang Nguema Mbasogo (left) of the Republic of Equatorial Guinea at the Great Hall of the People in Beijing.(Upper picture)

Le 18 août, le Président Hu Jintao reçoit le Président de la République de Guinée équatoriale Teodoro Obiang Nguema Mbasogo (à gauche) au Grand Palais du Peuple.(Photo en haut)

8月23日至26日，应国家主席胡锦涛邀请，南非共和国总统雅各布·祖马对我国进行国事访问。

8月24日，胡锦涛主席与南非总统祖马（前左）在北京人民大会堂举行会谈，双方签署了《中国和南非关于建立全面战略伙伴关系的北京宣言》。（下图）

From 23 to 26 August, President Jacob Zuma of the Republic of South Africa paid a state visit to China at the invitation of President Hu Jintao.

On 24 August, President Hu Jintao held talks with South African President Zuma (front left) at the Great Hall of the People in Beijing and the two sides signed the *Beijing Declaration on the Establishment of a Comprehensive Strategic Partnership Between the People's Republic of China and the Republic of South Africa*.(Lower picture)

Du 23 au 26 août, sur l'invitation du Président Hu Jintao, le Président de la République sud-africaine Jacob Zuma a effectué une visite d'État en Chine.

Le 24 août, le Président Hu Jintao s'entretient avec le Président Jacob Zuma (1er plan, à gauche) au Grand Palais du Peuple et signe avec lui la « Déclaration de Beijing sur l'établissement d'un partenariat global stratégique entre la République populaire de Chine et la République sud-africaine ». (Photo en bas)

9月2日至5日，应国家主席胡锦涛邀请，乌克兰共和国总统维克多·亚努科维奇对我国进行国事访问。

9月2日，胡锦涛主席在北京人民大会堂为乌克兰总统亚努科维奇（左）举行欢迎仪式。

From 2 to 5 September, President Viktor Yanukovych of Ukraine paid a state visit to China at the invitation of President Hu Jintao.

On 2 September, President Hu Jintao held a welcoming ceremony for Ukrainian President Yanukovych (left) at the Great Hall of the People in Beijing.

Du 2 au 5 septembre, sur l'invitation du Président Hu Jintao, le Président ukrainien Viktor Yanukovych a effectué une visite d'État en Chine.

Le 2 septembre, le Président Hu Jintao tient une cérémonie d'accueil en l'honneur du Président Viktor Yanukovych (à gauche) au Grand Palais du Peuple.

9月7日至11日，应国家主席胡锦涛邀请，缅甸国家和平与发展委员会主席丹瑞对我国进行国事访问。

9月8日，胡锦涛主席在北京人民大会堂为缅甸国家和平与发展委员会主席丹瑞（前右）举行欢迎仪式。

From 7 to 11 September, Chairman Than Shwe of the State Peace and Development Council of Myanmar paid a state visit to China at the invitation of President Hu Jintao.

On 8 September, President Hu Jintao held a welcoming ceremony for Chairman Than Shwe (front right) of the State Peace and Development Council of Myanmar at the Great Hall of the People in Beijing.

Du 7 au 11 septembre, sur l'invitation du Président Hu Jintao, le Président du Conseil d'État pour la paix et le développement (CEPD) du Myanmar Than Shwe a effectué une visite d'État en Chine.

Le 8 septembre, le Président Hu Jintao tient une cérémonie d'accueil en l'honneur du Président Than Shwe (1er plan, à droite) au Grand Palais du Peuple.

9月26日至28日，应国家主席胡锦涛邀请，俄罗斯联邦总统梅德韦杰夫对我国进行国事访问。

9月27日，胡锦涛主席在北京人民大会堂为俄罗斯总统梅德韦杰夫（左）举行欢迎仪式。（上图）

From 26 to 28 September, Russian President Dmitry Anadolyevich Medvedev paid a state visit to China at the invitation of President Hu Jintao.

On 27 September, President Hu Jintao held a welcoming ceremony for Russian President Medvedev (left) at the Great Hall of the People in Beijing.(Upper picture)

Du 26 au 28 septembre, sur l'invitation du Président Hu Jintao, le Président de la Fédération de Russie Dmitry Anadolyevich Medvedev a effectué une visite d'État en Chine.

Le 27 septembre, le Président Hu Jintao tient une cérémonie d'accueil en l'honneur du Président Dmitry Anadolyevich Medvedev (à gauche) au Grand Palais du Peuple.(Photo en haut)

11月15日至17日，应国家主席胡锦涛邀请，智利共和国总统塞瓦斯蒂安·皮涅拉对我国进行国事访问。

11月16日，胡锦涛主席在北京人民大会堂为智利总统皮涅拉（前左）举行欢迎仪式。（下图）

From 15 to 17 November, President Sebastian Pinera of the Republic of Chile paid a state visit to China at the invitation of President Hu Jintao.

On 16 November, President Hu Jintao held a welcoming ceremony for Chilean President Pinera (front left) at the Great Hall of the People in Beijing.(Lower picture)

Du 15 au 17 novembre, sur l'invitation du Président Hu Jintao, le Président de la République du Chili Sebastian Pinera a effectué une visite d'État en Chine.

Le 16 novembre, le Président Hu Jintao tient une cérémonie d'accueil en l'honneur du Président Sebastian Pinera (1er plan, à gauche) au Grand Palais du Peuple.(Photo en bas)

3月28日至31日，应全国人大常委会委员长吴邦国邀请，芬兰共和国议长绍利·尼尼斯托访华。

3月29日，吴邦国委员长在北京人民大会堂会见芬兰议长尼尼斯托（前左）。

From 28 to 31 March, Speaker Sauli Niinisto of the Republic of Finland visited China at the invitation of Chairman Wu Bangguo of the NPC Standing Committee.

On 29 March, NPC Chairman Wu Bangguo met with Finish Speaker Niinisto (front left) at the Great Hall of the People in Beijing.

Du 28 au 31 mars, sur l'invitation du Président du Comité permanent de l'APN Wu Bangguo, le Président du Parlement de la République de Finlande Sauli Niinisto a effectué une visite en Chine.

Le 29 mars, le Président Wu Bangguo reçoit le Président Sauli Niinisto (1er plan, à gauche) au Grand Palais du Peuple.

4月28日，全国人大常委会委员长吴邦国在北京人民大会堂会见马其顿共和国议长特拉伊科·韦利亚诺斯基（左）。（上图）

6月19日至26日，应全国人大常委会委员长吴邦国邀请，埃塞俄比亚联邦民主共和国联邦院议长德格菲·布拉对我国进行正式友好访问。

6月21日，吴邦国委员长在北京人民大会堂会见埃塞俄比亚联邦院议长德格菲（左）。（下图）

On 28 April, NPC Chairman Wu Bangguo met with Speaker Trajko Veljanoski (left) of the Republic of Macedonia at the Great Hall of the People in Beijing.(Upper picture)

From 19 to 26 June, Speaker Degefe Bula of the House of Federation of the Federal Democratic Republic of Ethiopia paid an official good-will visit to China at the invitation of Chairman Wu Bangguo of the NPC Standing Committee.

On 21 June, NPC Chairman Wu Bangguo met with Ethiopian Speaker of the House of Federation Degefe (left) at the Great Hall of the People in Beijing.(Lower picture)

Le 28 avril, le Président du Comité permanent de l'APN Wu Bangguo reçoit le Président de l'Assemblée de la République de Macédoine Trajko Veljanoski (à gauche) au Grand Palais du Peuple. (Photo en haut)

Du 19 au 26 juin, sur l'invitation du Président du Comité permanent de l'APN Wu Bangguo, le Président de la Chambre de la Fédération de la République fédérale démocratique d'Éthiopie Degefe Bula a effectué une visite officielle d'amitié en Chine.

Le 21 juin, le Président Wu Bangguo reçoit le Président Degefe Bula (à gauche) au Grand Palais du Peuple. (Photo en bas)

9月27日，全国人大常委会委员长吴邦国在北京人民大会堂会见马里共和国国民议会议长迪翁昆达·特拉奥雷（左）。

On 27 September, NPC Chairman Wu Bangguo met with President Dioncounda Traore (left) of the National Assembly of the Republic of Mali at the Great Hall of the People in Beijing.

Le 27 septembre, le Président du Comité permanent de l'APN Wu Bangguo reçoit le Président de l'Assemblée nationale de la République du Mali Dioncounda Traoré (à gauche) au Grand Palais du Peuple.

10月1日，全国人大常委会委员长吴邦国在上海西郊宾馆会见摩洛哥王国众议院议长阿卜杜勒瓦赫德·拉迪（左）。

On 1 October, NPC Chairman Wu Bangguo met with President Abdelwahed Radi (left) of the House of Representatives of the Kingdom of Morocco at the Xijiao State Guest Hotel in Shanghai.

Le 1er octobre, le Président du Comité permanent de l'APN Wu Bangguo reçoit le Président de la Chambre des Représentants du Royaume du Maroc Abdelwahed Radi (à gauche) à la Résidence des Hôtes d'État Xijiao à Shanghai.

10月2日，全国人大常委会委员长吴邦国在上海西郊宾馆会见前来出席上海世博会中国国家馆日活动的利比里亚共和国众议长亚历克斯·泰勒。（上图）

10月25日至11月1日，应全国人大常委会委员长吴邦国邀请，巴哈马国参议长林恩·霍洛维斯科和众议长阿尔文·史密斯访华。

10月27日，吴邦国委员长在人民大会堂会见巴哈马参议长霍洛维斯科（左）和众议长史密斯（右）。（下图）

On 2 October, NPC Chairman Wu Bangguo met with Speaker Alex Tyler of the Republic of Liberia at the Xijiao State Guest Hotel in Shanghai.(Upper picture)

From 25 October to 1 November, President Lynn Holowesko of the Senate and Speaker Alvin Smith of the House of Assembly of the Commonwealth of the Bahamas visited China at the invitation of Chairman Wu Bangguo of the NPC Standing Committee.

On 27 October, NPC Chairman Wu Bangguo met with Senate President Holowesko (left) and Speaker Smith (right) of the Bahamas at the Great Hall of the People.(Lower picture)

Le 2 octobre, le Président du Comité permanent de l'APN Wu Bangguo reçoit le Président de l'Assemblée nationale de la République du Libéria Alex Tyler à la Résidence des Hôtes d'État Xijiao à Shanghai.(Photo en haut)

Du 25 octobre au 1er novembre, sur l'invitation du Président du Comité permanent de l'APN Wu Bangguo, la Présidente du Sénat Lynn Holowesko et le Président de l'Assemblée Alvin Smith du Commonwealth des Bahamas ont effectué conjointement une visite en Chine.

Le 27 octobre, le Président Wu Bangguo reçoit la Présidente Lynn Holowesko (à gauche) et le Président Alvin Smith (à droite) au Grand Palais du Peuple.(Photo en bas)

11月21日至26日，应全国人大常委会委员长吴邦国邀请，古巴共和国全国人民政权代表大会主席里卡多·阿拉尔孔·德克萨达对我国进行正式友好访问。

11月24日，吴邦国委员长在北京人民大会堂会见古巴全国人民政权代表大会主席阿拉尔孔（左）。（上图）

10月1日，全国人大常委会委员长吴邦国在上海西郊宾馆会见中非共和国总统弗朗索瓦·博齐泽（左）。（下图）

From 21 to 26 November, President Ricardo Alarcón de Quesada of the National Assembly of People's Power of the Republic of Cuba paid an official good-will visit to China at the invitation of Chairman Wu Bangguo of the NPC Standing Committee.

On 24 November, NPC Chairman Wu Bangguo met with President Alarcón (left) of the National Assembly of People's Power of Cuba at the Great Hall of the People in Beijing.(Upper picture)

On 1 October, NPC Chairman Wu Bangguo met with President François Bozize (left) of the Republic of Central Africa at the Xijiao State Guest Hotel in Shanghai.(Lower picture)

Du 21 au 26 novembre, sur l'invitation du Président du Comité permanent de l'APN Wu Bangguo, le Président de l'Assemblée nationale du Pouvoir populaire de la République de Cuba Ricardo Alarcón de Quesada a effectué une visite officielle d'amitié en Chine.

Le 24 novembre, le Président Wu Bangguo reçoit le Président Ricardo Alarcón de Quesada (à gauche) au Grand Palais du Peuple.(Photo en haut)

Le 1er octobre, le Président du Comité permanent de l'APN Wu Bangguo reçoit le Président de la République centrafricaine François Bozizé (à gauche) à la Résidence des Hôtes d'État Xijiao à Shanghai.(Photo en bas)

3月17日至21日，应国务院总理温家宝邀请，孟加拉国总理谢赫·瓦吉德·哈西娜对我国进行正式访问。

3月18日，温家宝总理在北京人民大会堂为孟加拉国总理哈西娜（左）举行欢迎仪式。

From 17 to 21 March, Prime Minister Sheikh Wazed Hasina of the People's Republic of Bangladesh paid an official visit to China at the invitation of Premier Wen Jiabao of the State Council.

On 18 March, Premier Wen Jiabao held a welcoming ceremony for Bangladeshi Prime Minister Hasina (left) at the Great Hall of the People in Beijing.

Du 17 au 21 mars, sur l'invitation du Premier Ministre du Conseil des Affaires d'État Wen Jiabao, le Premier Ministre de la République populaire du Bangladesh Sheikh Wazed Hasina a effectué une visite officielle en Chine.

Le 18 mars, le Premier Ministre Wen Jiabao tient une cérémonie d'accueil en l'honneur du Premier Ministre Sheikh Wazed Hasina (à gauche) au Grand Palais du Peuple.

11月9日至10日，应国务院总理温家宝邀请，大不列颠及北爱尔兰联合王国首相戴维·卡梅伦对我国进行正式访问。

11月9日，温家宝总理在北京人民大会堂为英国首相卡梅伦（前右）举行欢迎仪式。

From 9 to 10 November, Prime Minister David Cameron of the United Kingdom of Great Britain and Northern Ireland paid an official visit to China at the invitation of Premier Wen Jiabao of the State Council.

On 9 November, Premier Wen Jiabao held a welcoming ceremony for British Prime Minister Cameron (front right) at the Great Hall of the People in Beijing.

Les 9 et 10 novembre, sur l'invitation du Premier Ministre du Conseil des Affaires d'État Wen Jiabao, le Premier Ministre du Royaume-Unis de Grande-Bretagne et d'Irlande du Nord David Cameron a effectué une visite officielle en Chine.

Le 9 novembre, le Premier Ministre Wen Jiabao tient une cérémonie d'accueil en l'honneur du Premier Ministre britannique David Cameron (1er plan, à droite) au Grand Palais du Peuple.

4月6日至9日，应全国政协主席贾庆林邀请，马来西亚上议院议长王弗明来华访问。

4月7日，贾庆林主席在北京钓鱼台国宾馆会见马来西亚上议院议长王弗明（右）。

From 6 to 9 April, President Dato' Ir. Wong Foon Meng of the Senate of Malaysia visited China at the invitation of Chairman Jia Qinglin of the CPPCC National Committee.

On 7 April, CPPCC Chairman Jia Qinglin met with President Dato' Ir. Wong Foon Meng (right) of the Senate of Malaysia at the Diaoyutai State Guesthouse in Beijing.

Du 6 au 9 avril, sur l'invitation du Président du Comité national de la CCPPC Jia Qinglin, le Président du Sénat malaisien Dato' Ir. Wong Foon Meng a effectué une visite en Chine.

Le 7 avril, le Président Jia Qinglin reçoit le Président Dato' Ir. Wong Foon Meng (à droite) à la Résidence des Hôtes d'État Diaoyutai.

4月12日，全国政协主席贾庆林在北京人民大会堂会见瓦努阿图共和国总理爱德华·纳塔佩（左）。（上图）

On 12 April, CPPCC Chairman Jia Qinglin met with Prime Minister Edward Natapei (left) of the Republic of Vanuatu at the Great Hall of the People in Beijing.(Upper picture)

Le 12 avril, le Président du Comité national de la CCPPC Jia Qinglin reçoit le Premier Ministre de la République de Vanuatu Edward Natapei (à gauche) au Grand Palais du Peuple.(Photo en haut)

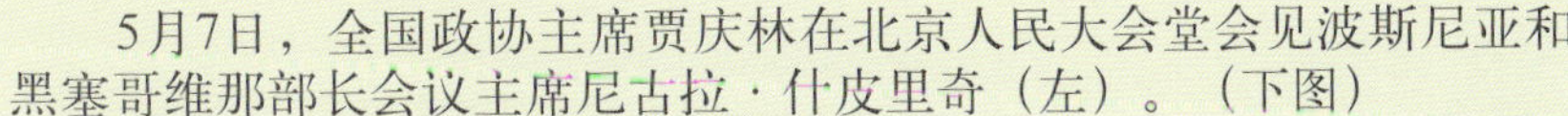

5月7日，全国政协主席贾庆林在北京人民大会堂会见波斯尼亚和黑塞哥维那部长会议主席尼古拉·什皮里奇（左）。（下图）

On 7 May, CPPCC Chairman Jia Qinglin met with Chairman Nikola Spiric (left) of the Council of Ministers of Bosnia and Herzegovina at the Great Hall of the People in Beijing.(Lower picture)

Le 7 mai, le Président du Comité national de la CCPPC Jia Qinglin reçoit le Président du Conseil des Ministres de la Bosnie-Herzégovine Nikola Spiric (à gauche) au Grand Palais du Peuple.(Photo en bas)

3月17日，中共中央政治局常委李长春在北京人民大会堂会见匈牙利共和国社会党主席兰德沃伊·伊尔迪科（左）。（上图）

7月23日，中共中央政治局常委李长春在北京人民大会堂会见塞内加尔共和国新闻部长兼政府发言人穆斯塔法·吉拉西（左）。（下图）

On 17 March, Li Changchun, Member of the Standing Committee of the Political Bureau of the CPC Central Committee, met with President Lendvai Ildiko (left)of the Hungarian Socialist Party at the Great Hall of the People in Beijing.(Upper picture)

On 23 July, Li Changchun, Member of the Standing Committee of the Political Bureau of the CPC Central Committee, met with Moustapha Guirassy (left), Minister of Communication and Government Spokesman of the Republic of Senegal, at the Great Hall of the People in Beijing.(Lower picture)

Le 17 mars, M. Li Changchun, membre du Comité permanent du Bureau politique du CC du PCC, reçoit la Présidente du Parti socialiste hongrois Lendvai Ildiko (à gauche) au Grand Palais du Peuple. (Photo en haut)

Le 23 juillet, M. Li Changchun, membre du Comité permanent du Bureau politique du CC du PCC, reçoit le Ministre de la Communication et porte-parole du gouvernement de la République du Sénégal Moustapha Guirassy (à gauche) au Grand Palais du Peuple. (Photo en bas)

8月22日至28日，应国家副主席习近平邀请，乌拉圭东岸共和国副总统兼国会主席、参议长达尼洛·阿斯托里对我国进行正式访问。

8月26日，习近平副主席在北京人民大会堂东门外广场为乌拉圭副总统兼国会主席、参议长阿斯托里（前右）举行欢迎仪式。

From 22 to 28 August, Danilo Astori, Vice President, President of the General Assembly and President of the Chamber of Senators of the Oriental Republic of Uruguay, paid an official visit to China at the invitation of Vice President Xi Jinping.

On 26 August, Vice President Xi Jinping held a welcoming ceremony for Danilo Astori (front right), Vice President, President of the General Assembly and President of the Chamber of Senators of Uruguay, at the square outside the Eastern Entrance of the Great Hall of the People in Beijing.

Du 22 au 28 août, sur l'invitation du Vice-Président Xi Jinping, le Vice-Président, Président de la Chambre des Représentants et Président du Sénat de la République orientale de l'Uruguay Danilo Astori a effectué une visite officielle en Chine.

Le 26 août, le Vice-Président Xi Jinping tient une cérémonie d'accueil en l'honneur du Vice-Président, Président de la Chambre des Représentants et Président du Sénat de la République orientale de l'Uruguay Danilo Astori (1er plan, à droite) à l'Esplanade Est du Grand Palais du Peuple.

2月22日至27日，应国务院副总理李克强邀请，斯洛伐克共和国第一副总理杜尚·恰普洛维奇访华。

2月23日，李克强副总理在北京人民大会堂同斯洛伐克第一副总理恰普洛维奇（左）举行会谈。（左图）

5月21日，国务院副总理李克强在北京会见来华参加中瑞建交60周年庆祝活动的瑞典王国国王卡尔十六世·古斯塔夫（前左）。（右图）

From 22 to 27 February, First Deputy Prime Minister Dusan Caplovic of the Slovak Republic visited China at the invitation of Vice Premier Li Keqiang of the State Council.

On 23 February, Vice Premier Li Keqiang held talks with Slovak First Deputy Prime Minister Caplovic (left) at the Great Hall of the People in Beijing.(Left picture)

On 21 May, Vice Premier Li Keqiang of the State Council met with King Carl XVI Gustaf (front left) of the Kingdom of Sweden who came to China for the celebrations of the 60th anniversary of the establishment of diplomatic relations between China and Sweden in Beijing.(Right picture)

Du 22 au 27 février, sur l'invitation du Vice-Premier Ministre du Conseil des Affaires d'État Li Keqiang, le Premier Vice-Premier Ministre de la République slovaque Dusan Caplovic a effectué une visite en Chine.

Le 23 février, le Vice-Premier Ministre Li Keqiang s'entretient avec le Premier Vice-Premier Ministre de la République slovaque Dusan Caplovic (à gauche) au Grand Palais du Peuple. (Photo à gauche)

Le 21 mai, le Vice-Premier Ministre du Conseil des Affaires d'État Li Keqiang reçoit à Beijing le Roi de Suède Carl XVI Gustaf (1er plan, à gauche), en visite en Chine pour la commémoration du 60e anniversaire des relations diplomatiques entre la Chine et la Suède. (Photo à droite)

7月7日，国务院副总理李克强在北京中南海紫光阁会见克罗地亚共和国副总理兼财政部长伊万·舒凯尔（左）。（上图）

9月14日，国务院副总理李克强在北京钓鱼台国宾馆会见巴布亚新几内亚独立国总理迈克尔·索马雷（左）。（下图）

On 7 July, Vice Premier Li Keqiang of the State Council met with Ivan Suker (left), Deputy Prime Minister and Minister of Finance of the Republic of Croatia, at Ziguangge of Zhongnanhai in Beijing.(Upper picture)

On 14 September, Vice Premier Li Keqiang of the State Council met with Prime Minister Michael Somare of the Independent State of Papua New Guinea at the Diaoyutai State Guesthouse in Beijing.(Lower picture)

Le 7 juillet, le Vice-Premier Ministre du Conseil des Affaires d'État Li Keqiang reçoit le Vice-Premier Ministre et Ministre des Finances de la République de Croatie Ivan Suker (à gauche) au Pavillon Ziguangge à Zhongnanhai. (Photo en haut)

Le 14 septembre, le Vice-Premier Ministre du Conseil des Affaires d'État Li Keqiang reçoit le Premier Ministre de l'État indépendant de Papouasie-Nouvelle-Guinée Michael Somare (à gauche) à la Résidence des Hôtes d'État Diaoyutai.(Photo en bas)

1 3月15日，中共中央政治局常委、中央纪委书记贺国强在北京人民大会堂会见波兰共和国最高监察院院长雅采克·耶杰尔斯基（左）。

2 4月6日，中共中央政治局常委、中央纪委书记贺国强在北京人民大会堂会见西班牙共产党总书记何塞·路易斯·森特利亚（左）。

3 12月17日，中共中央政治局常委、中央纪委书记贺国强在北京人民大会堂会见蒙古人民党总书记乌哈那·呼尔勒苏赫（左）。

1 On 15 March, He Guoqiang, Member of the Standing Committee of the Political Bureau of the CPC Central Committee and Secretary of the Central Commission for Discipline Inspection, met with Jacek Jazierski (left), President of the Supreme Audit Office of the Republic of Poland, at the Great Hall of the People in Beijing.

2 On 6 April, He Guoqiang, Member of the Standing Committee of the Political Bureau of the CPC Central Committee and Secretary of the Central Commission for Discipline Inspection, met with General Secretary José Luis Centella (left) of the Communist Party of Spain at the Great Hall of the People in Beijing.

3 On 17 December, He Guoqiang, Member of the Standing Committee of the Political Bureau of the CPC Central Committee and Secretary of the Central Commission for Discipline Inspection, met with General Secretary Ukhnaagiin Khurelsukh (left) of the Mongolian People's Party at the Great Hall of the People in Beijing.

1 Le 15 mars, M. He Guoqiang, membre du Comité permanent du Bureau politique du CC du PCC et Secrétaire de la Commission centrale de Contrôle de la Discipline du PCC, reçoit le Président de la Chambre suprême de Contrôle de la République de Pologne Jacek Jezierski (à gauche) au Grand Palais du Peuple.

2 Le 6 avril, M. He Guoqiang, membre du Comité permanent du Bureau politique du CC du PCC et Secrétaire de la Commission centrale de Contrôle de la Discipline du PCC, reçoit le Secrétaire général du Parti communiste espagnol José Luis Centella (à gauche) au Grand Palais du Peuple.

3 Le 17 décembre, M. He Guoqiang, membre du Comité permanent du Bureau politique du CC du PCC et Secrétaire de la Commission centrale de Contrôle de la Discipline du PCC, reçoit le Secrétaire général du Parti populaire mongol Ukhnaagiin Khurelsukh (à gauche).

1 2
3

2月8日，中共中央政治局常委、中央政法委书记周永康在北京人民大会堂会见尼泊尔王国内政部长比姆·拉瓦尔（左）。

On 8 February, Zhou Yongkang, Member of the Standing Committee of the Political Bureau of the CPC Central Committee and Secretary of the Commission for Political and Legislative Affairs of the CPC Central Committee, met with Home Minister Bhim Rawal (left) of the Federal Democratic Republic of Nepal at the Great Hall of the People in Beijing.

Le 8 février, M. Zhou Yongkang, membre du Comité permanent du Bureau politique du CC du PCC et Secrétaire de la Commission des Affaires politiques et juridiques du CC du PCC, reçoit le Ministre de l'Intérieur de la République démocratique fédérale du Népal Bhim Rawal (à gauche) au Grand Palais du Peuple.

6月29日，中共中央政治局常委、中央政法委书记周永康在北京人民大会堂会见乍得共和国爱国拯救运动代表团团长、全国政治局总书记纳古姆·亚马苏姆（前左）。

On 29 June, Zhou Yongkang, Member of the Standing Committee of the Political Bureau of the CPC Central Committee and Secretary of the Commission for Political and Legislative Affairs of the CPC Central Committee, met with Nagoum Yamassoum (front left), head of the delegation of the Patriotic Movement of Salvation (PMS) of the Republic of Chad and Secretary General of PMS National Political Bureau, at the Great Hall of the People in Beijing.

Le 29 juin, M. Zhou Yongkang, membre du Comité permanent du Bureau politique du CC du PCC et Secrétaire de la Commission des Affaires politiques et juridiques du CC du PCC, reçoit M. Nagoum Yamassoum (1er plan, à gauche), Secrétaire général du Bureau politique national du Mouvement patriotique du Salut de la République du Tchad au Grand Palais du Peuple.

7月7日，中共中央政治局常委、中央政法委书记周永康在北京人民大会堂会见苏丹共和国全国大会党副主席纳菲阿·阿里·纳菲阿（前左）。（上图）

8月30日，中共中央政治局常委、中央政法委书记周永康在北京钓鱼台国宾馆会见古巴共产党中央政治局委员、国务委员会副主席兼内政部长阿韦拉多·科洛梅·伊瓦拉（前左）。（下图）

On 7 July, Zhou Yongkang, Member of the Standing Committee of the Political Bureau of the CPC Central Committee and Secretary of the Commission for Political and Legislative Affairs of the CPC Central Committee, met with Deputy President Nafie Ali Nafie (front left) of the National Congress Party of the Republic of Sudan at the Great Hall of the People in Beijing.(Upper picture)

On 30 August, Zhou Yongkang, Member of the Standing Committee of the Political Bureau of the CPC Central Committee and Secretary of the Commission for Political and Legislative Affairs of the CPC Central Committee, met with Abelardo Colomé Ibarra (front left), Member of the Central Committee of the Communist Party of Cuba and Vice President of the Council of State and Minister of the Interior, at the Diaoyutai State Guesthouse in Beijing.(Lower picture)

Le 7 juillet, M. Zhou Yongkang, membre du Comité permanent du Bureau politique du CC du PCC et Secrétaire de la Commission des Affaires politiques et juridiques du CC du PCC, reçoit le Vice-Président du Parti du Congrès national de la République du Soudan Nafie Ali Nafie (1er plan, à gauche) au Grand Palais du Peuple. (Photo en haut)

Le 30 août, M. Zhou Yongkang, membre du Comité permanent du Bureau politique du CC du PCC et Secrétaire de la Commission des Affaires politiques et juridiques du CC du PCC, reçoit M. Abelardo Colomé Ibarra (1er plan, à gauche), membre du Bureau politique du Comité central du Parti communiste cubain, Vice-Président du Conseil d'État et Ministre de l'Intérieur de Cuba à la Résidence des Hôtes d'État Diaoyutai. (Photo en bas)

10月20日，中共中央政治局常委、中央政法委书记周永康在北京人民大会堂会见美国司法部部长埃里克·霍尔德（前左）。

On 20 October, Zhou Yongkang, Member of the Standing Committee of the Political Bureau of the CPC Central Committee and Secretary of the Commission for Political and Legislative Affairs of the CPC Central Committee, met with Attorney General Eric Holder (front left) of the United States at the Great Hall of the People in Beijing.

Le 20 octobre, M. Zhou Yongkang, membre du Comité permanent du Bureau politique du CC du PCC et Secrétaire de la Commission des Affaires politiques et juridiques du CC du PCC, reçoit le Secrétaire américain à la Justice Eric Holder (1er plan, à gauche) au Grand Palais du Peuple.

10月29日，中共中央政治局常委、中央政法委书记周永康在北京人民大会堂会见土耳其内政部长贝希尔·阿塔拉伊（左）。

On 29 October, Zhou Yongkang, Member of the Standing Committee of the Political Bureau of the CPC Central Committee and Secretary of the Commission for Political and Legislative Affairs of the CPC Central Committee, met with Turkish Interior Minister Besir Atalay (left) at the Great Hall of the People in Beijing.

Le 29 octobre, M. Zhou Yongkang, membre du Comité permanent du Bureau politique du CC du PCC et Secrétaire de la Commission des Affaires politiques et juridiques du CC du PCC, reçoit le Ministre turc de l'Intérieur Besir Atalay (à gauche) au Grand Palais du Peuple.

9月2日，中共中央政治局委员、全国人大常委会副委员长王兆国在北京钓鱼台国宾馆会见毛里求斯共和国总统阿内罗德·贾格纳特（左）。（上图）

7月17日，中共中央政治局委员、上海市委书记俞正声在上海世博会世博中心接待圭亚那合作共和国总统巴拉特·贾格迪奥（左）。（中图）

9月22日，中共中央政治局委员、重庆市委书记薄熙来会见加纳共和国总统约翰·埃文斯·阿塔·米尔斯（前左）。（下图）

On 2 September, Wang Zhaoguo, Member of the Political Bureau of the CPC Central Committee and Vice Chairman of the NPC Standing Committee, met with President Anerood Jugauth (front left) of the Republic of Mauritius at the Diaoyutai State Guesthouse in Beijing.(Upper picture)

On 17 July, Yu Zhengsheng, Member of the Political Bureau of the CPC Central Committee and Secretary of the CPC Shanghai Municipal Committee, received President Bharrat Jagdeo (left) of the Republic of Guayna at the Expo Center of the Shanghai World Expo.(Middle picture)

On 22 September, Bo Xilai, Member of the Political Bureau of the CPC Central Committee and Secretary of the CPC Chongqing Municipal Committee, met with President John Evans Atta Mills (front left) of the Republic of Ghana. (Lower picture)

Le 2 septembre, M. Wang Zhaoguo, membre du Bureau politique du CC du PCC et Vice-Président du Comité permanent de l'APN, reçoit le Président de la République de Maurice Anerood Jugauth (à gauche) à la Résidence des Hôtes d'État Diaoyutai.(Photo en haut)

Le 17 juillet, M. Yu Zhengsheng, membre du Bureau politique du CC du PCC et Secrétaire du Comité du PCC pour la municipalité de Shanghai, reçoit le Président de la République de Guyana Bharrat Jagdeo (à gauche) au Centre de l'Exposition universelle de Shanghai. (Photo au milieu)

Le 22 septembre, M. Bo Xilai, membre du Bureau politique du CC du PCC et Secrétaire du Comité du PCC pour la municipalité de Chongqing, reçoit le Président de la République du Ghana John Evans Atta Mills (1er plan, à gauche). (Photo en bas)

第贰部分

世博天地 文明荟萃

中国二零一零年上海世界博览会，是中国首次举办的综合性世界博览会，也是第一次在发展中国家举行的注册类世界博览会。『城市，让生活更美好』的主题深入人心，『精彩、成功、难忘』的盛会载入史册。

上海世博会吸引了七千三百多万游客参观，二百四十六个国家和国际组织参展，近百位外国国家元首和政府首脑参加，创下世博会历史上参观人数最多、参展方最多、规模最大、出席规格最高等多项世博纪录。

二零一零年，中国以上海世博会为舞台，唱响了一出精彩纷呈的外交大戏：首脑外交卓有成效，民间外交积极活跃，绿色外交丰富多彩，公共人文外交实现跨越。

从奥运外交到世博外交，中国外交不断迈上新台阶。她见证了一个多世纪以来中国由羸弱走向富强、由封闭走向开放的历史进程，促进了中国经济社会发展和对外友好合作，为中国未来发展注入了新的强大动力。

Part 2

World Expo — A Gathering of Diverse Civilizations

Expo 2010 Shanghai China was the first general world exhibition held by China and the first registered world exhibition held in a developing country. Its theme, "Better City, Better Life" enjoyed great popularity and the Expo was recorded in the annals of history as a successful, splendid and unforgettable one.

The Shanghai Expo attracted more than 73 million visitors and was participated by 246 countries and international organizations and attended by nearly 100 foreign heads of state and government. The Expo also set new records in the history of world expos in terms of the number of visitors and participants, its scale and the ranking of participating dignitaries.

The year 2010 witnessed China's impressive diplomatic achievements, evidenced by its effective summit diplomacy, robust people-to-people diplomacy, colorful green diplomacy and leapfrog public and cultural diplomacy on the stage of Shanghai World Expo.

From Olympic diplomacy to World Expo diplomacy, China's diplomacy has scaled one new height after another. It witnessed the historical process in the past century in which China transformed from a weak and closed society to one of prosperity, strength and openness. It facilitated China's social and economic development as well as friendly cooperation with other countries and instilled strong impetus into China's future development.

Partie 2

Exposition universelle — lieu de rencontre des civilisations

L'Expo Shanghai 2010, première exposition universelle générale organisée en Chine, est aussi la première exposition internationale enregistrée organisée dans un pays en développement. « Meilleure ville, meilleure vie », avec ce thème qui a marqué profondément les esprits, elle s'est inscrite dans l'histoire comme un événement magnifique, réussi et inoubliable.

L'Expo Shanghai 2010, avec la participation de 246 pays et organisations internationales, a attiré 73 millions de visiteurs, dont une centaine de chefs d'État et de gouvernement, créant plusieurs records dans l'histoire des expositions universelles de par le nombre des visiteurs, celui des exposants, son envergure et le niveau des personnalités présentes à l'événement.

Grâce à la plate-forme offerte par l'Expo Shanghai 2010, la Chine a réalisé en 2010 des exploits diplomatiques remarquables marqués par une diplomatie au sommet fructueuse, une diplomatie populaire active et dynamique, une diplomatie verte riche et variée et une diplomatie publique et culturelle pleine d'avancées significatives.

De la diplomatie des JO à la diplomatie de l'exposition universelle, l'action diplomatique chinoise n'a cessé d'accéder à de nouveaux paliers. Témoin du processus historique de plus d'un siècle durant lequel la Chine est passée d'un pays faible à un pays prospère et d'un pays fermé à un pays ouvert, elle a contribué au développement socio-économique du pays et à sa coopération amicale avec l'extérieur et insufflé une nouvelle vitalité puissante dans le développement ultérieur de la Chine.

4月30日，上海世博会开幕式焰火表演。（左图）

4月30日，国家主席胡锦涛出席中国2010年上海世界博览会开幕式并宣布上海世博会开幕。（右图）

On 30 April, fireworks were displayed at the opening ceremony of the Shanghai World Expo.(Left picture)

On 30 April, President Hu Jintao attended the opening ceremony of Expo 2010 Shanghai China and announced its opening.(Right picture)

Feux d'artifice lors de la cérémonie d'ouverture de l'Expo Shanghai 2010 organisée le 30 avril.(Photo à gauche)

Le 30 avril, le Président Hu Jintao assiste à la cérémonie d'ouverture de l'Expo Shanghai 2010 et déclare ouverte l'Exposition.(Photo à droite)

4月30日，上海世博会开幕式上，中华人民共和国国旗、国际展览局旗（左一）和上海世博会旗飘扬在上海世博文化中心。

On 30 April, the national flag of the People's Republic of China and the flag of the International Expositions Bureau (first from left) were flying at the Expo Cultural Center at the opening ceremony of the Shanghai World Expo.

Le 30 avril, lors de la cérémonie d'ouverture de l'Expo Shanghai 2010, le drapeau national de la République populaire de Chine, le drapeau du Bureau international des Expositions (1er à gauche) et le drapeau de l'Exposition universelle de Shanghai flottent au Centre culturel de l'Expo Shanghai 2010.

5月1日，全国政协主席贾庆林和国际展览局主席让-皮埃尔·蓝峰共同启动按钮，为中国2010年上海世界博览会开园。

On 1 May, CPPCC Chairman Jia Qinglin and BIE President Jean-Pierre Lafon jointly pressed the launch button to open the Shanghai World Expo Site.

Le 1er mai, le Président du Comité national de la CCPPC Jia Qinglin et le Président du Bureau international des Expositions Jean-Pierre Lafon inaugurent ensemble le Parc de l'Expo Shanghai 2010.

10月1日，全国人大常委会委员长吴邦国出席中国2010年上海世界博览会中华人民共和国国家馆日活动并致辞。

On 1 October, NPC Chairman Wu Bangguo attended the National Day of the China Pavilion and delivered an address.

Le 1er octobre, le Président du Comité permanent de l'APN Wu Bangguo assiste à la Journée nationale de la République populaire de Chine à l'Expo Shanghai 2010 et y prononce une allocution.

世博盛典

10月31日，国务院总理温家宝出席中国2010年上海世界博览会闭幕式并宣布上海世博会闭幕。（上图）

10月31日，温家宝总理（右五）出席中国2010年上海世界博览会高峰论坛开幕式并和与会外国领导人合影。（下图）

On 31 October, Premier Wen Jiabao attended the closing ceremony of the Expo 2010 Shanghai China and announced its closing.(Upper picture)

On 31 October, Premier Wen Jiabao (fifth from right) attended the opening ceremony of the Expo 2010 Shanghai China Summit Forum and had a group photo with participating foreign leaders.(Lower picture)

Le 31 octobre, le Premier Ministre du Conseil des Affaires d'État Wen Jiabao assiste à la cérémonie de clôture de l'Expo Shanghai 2010 et déclare close l'Exposition. (Photo en haut)

Le 31 octobre, le Premier Ministre Wen Jiabao (5e à droite) assiste à la cérémonie d'ouverture du Forum de haut niveau de l'Expo 2010 Shanghai Chine et pose pour une photo souvenir avec les dirigeants étrangers présents au forum. (Photo en bas)

上海世博会期间，党和国家领导人同来华的外国领导人深入交流对话，共商发展大计，达成广泛共识。

During the Shanghai World Expo, CPC and state leaders had in-depth dialogue and exchanges with visiting foreign leaders on development and reached broad consensus.

Pendant l'Expo Shanghai 2010, les dirigeants du PCC et de l'État chinois ont eu des échanges et dialogues approfondis avec les dirigeants étrangers venus en visite en Chine sur les stratégies de développement et ils sont parvenus à de larges consensus.

4月30日，胡锦涛主席会见大韩民国总统李明博（左）。

On 30 April, President Hu Jintao met with President of the Republic of Korea Lee Myung-bak (left).

Le 30 avril, le Président Hu Jintao rencontre le Président de la République de Corée Lee Myung-bak (à gauche).

5月2日，胡锦涛主席会见亚美尼亚共和国总统萨尔基相（左）。

On 2 May, President Hu Jintao met with President of the Republic of Armenia Serzh Sargsyan (left).

Le 2 mai, le Président Hu Jintao rencontre le Président de la République d'Arménie Serzh Sargsyan (à gauche).

5月21日，胡锦涛主席在北京钓鱼台国宾馆会见瑞典国王卡尔十六世·古斯塔夫（左）。

Le 21 mai, le Président Hu Jintao reçoit le Roi de Suède Carl XVI Gustav (à gauche) à la Résidence des Hôtes d'État Diaoyutai à Beijing.

10月2日，吴邦国委员长会见斐济群岛共和国总统埃佩利·奈拉蒂考（左）。

On 2 October, NPC Chairman Wu Bangguo met with President of the Republic of the Fiji Islands Ratu Epeli Nailatikau (left).

Le 2 octobre, le Président du Comité permanent de l'APN Wu Bangguo rencontre le Président de la République des Îles Fidji Ratu Epeli Nailatikau (à gauche).

10月31日，温家宝总理会见莱索托王国首相帕卡利塔·莫西西利（左）。

On 31 October, Premier Wen Jiabao met with Prime Minister of the Kingdom of Lesotho Pakalitha Mosisili (left).

Le 31 octobre, le Premier Ministre Wen Jiabao rencontre le Premier Ministre du Royaume du Lesotho Pakalitha Mosisili (à gauche).

5月1日，贾庆林主席会见巴勒斯坦国总统、民族权力机构主席马哈茂德·阿巴斯（左）。

On 1 May, CPPCC Chairman Jia Qinglin met with Mahmoud Abbas, President of the State of Palestine and President of the Palestinian National Authority (left).

Le 1er mai, le Président du Comité national de la CCPPC Jia Qinglin rencontre le Président de l'État de Palestine et Président de l'Autorité palestinienne Mahmoud Abbas (à gauche).

法国国家馆入口处机器人表演

Robot performance at the entrance of the France Pavilion

Danse de robots à l'entrée du Pavillon France

瑞典国家馆内景

The inside of the Sweden Pavilion

Intérieur du Pavillon Suède

欧洲联合馆内景

The inside of the Europe Joint Pavilion

Intérieur du Pavillon commun d'Europe

上海世博会期间，共举行171场外国国家馆日和19场国际组织荣誉日活动。近百位外国国家元首和政府首脑来华出席上海世博会有关活动。

A total of 171 national pavilions and 19 international organizations held their national day or honor day activities during the Shanghai World Expo. About 100 foreign heads of state and government came to China to attend Expo related activities.

Pendant l'Exposition universelle de Shanghai, ont été organisées 171 journées nationales de pays étrangers et 19 journées d'honneur d'organisations internationales. Une centaine de chefs d'État et de gouvernement étrangers sont venus en Chine assister aux manifestations concernées de l'Expo.

8月25日，南非总统雅各布·祖马（前左）在非洲联合馆参观。（上图）

7月31日，萨摩亚独立国总理图伊拉埃帕·马利埃莱额奥伊（左二）在上海市临汾街道"世博人家"做客。（下图）

On 25 August, South African President Jacob Zuma (front left) visited the Africa Joint Pavilion.(Upper picture)

On 31 July, Prime Minister Tuilaepa Malielegaoi of the Independent State of Samoa (second from left) visited an "Expo Homestay Family" on Linfen Street, Shanghai.(Lower picture)

Le 25 août, le Président sud-africain Jacob Zuma (1er plan, à gauche) visite le Pavillon collectif africain. (Photo en haut)

Le 31 juillet, le Premier Ministre de l'État indépendant des Samoa Tuilaepa Malielegaoi (2e à gauche) rend visite à un logis familial du quartier Linfen, à Shanghai. (Photo en bas)

8月20日，中国外交部长杨洁篪（前左）与多哥共和国总统福雷·埃索齐姆纳·纳辛贝（前右）共同出席多哥国家馆日活动。（左图）

6月3日，中国财政部长谢旭人（左二）与巴西财政部长吉多·曼特加（右二）参观巴西国家馆。（右图）

On 20 August, Foreign Minister Yang Jiechi (front left) and President of the Republic of Togo Faure Essozimna Gnassingbe (front right) attended the National Day activities of the Togo Pavilion. (Left picture)

On 3 June, Finance Minister Xie Xuren (second from left) and Brazilian Finance Minister Guido Mantega (second from right) visited the Brazil Pavilion. (Right picture)

Le 20 août, le Ministre des Affaires étrangères Yang Jiechi (1er plan, à gauche) et le Président de la République togolaise Faure Essozimna Gnassingbé (1er plan, à droite) assistent ensemble aux festivités organisées à l'occasion de la Journée nationale du Togo à l'Expo Shanghai 2010. (Photo à gauche)

Le 3 juin, le Ministre des Finances Xie Xuren (2e à gauche) et le Ministre brésilien des Finances Guido Mantega (2e à droite) visitent le Pavillon Brésil. (Photo à droite)

4月30日，上海世博会开幕式文艺表演在上海世博文化中心举行。

On 30 April, cultural performance for the Expo opening ceremony was held at the Expo Cultural Center.

Soirée de gala organisée le 30 avril au Centre culturel de l’Expo à l’occasion de l’ouverture de l’Exposition universelle de Shanghai.

上海世博会累计参观者达7300万人次，创世博会历史新高。图为5月1日上海世博园开园首日参观人潮。

The Shanghai Expo received a total of 73 million visitors, a new high in the Expo history. The picture shows the crowds of visitors flocking to the Expo Site on 1 May, its first day.

Le nombre des visiteurs de l'Expo Shanghai 2010 a atteint 73 millions, créant un record dans l'histoire des expositions universelles. La photo montre les visiteurs venus très nombreux à la première journée de l'ouverture du Parc de l'Expo le 1er mai.

5月1日，96岁高龄的李三妹老人抱着曾孙女，在女儿的陪伴下参观上海世博园。（上图）

上海世博会接待海外游客逾350万人次。图为10月29日，两名外国游客在上海世博园欧洲区参观游览。（下图）

On 1 May, 96-year-old granny Li Sanmei visited the Expo, with the company of her daughter and her great granddaughter in her arms.(Upper picture)

Over 3.5 million overseas visitors came to the Shanghai Expo. The picture shows two foreign visitors outside European pavilions at the Expo Site on 29 October.(Lower picture)

Le 1er mai, Mme Li Sanmei, âgée de 96 ans, visite le Parc de l'Expo en compagnie de sa fille et de son arrière-petite-fille.(Photo en haut)

L'Expo Shanghai 2010 a accueilli 3,5 millions de visiteurs étrangers. Sur la photo, deux touristes étrangers visitent la zone Europe le 29 octobre.(Photo en bas)

3月10日，山东省郯城县郯城镇树华希望小学的学生展示自己画的上海世博会吉祥物“海宝”。

On 10 March, students from Shuhua Hope Primary School in Tancheng Township, Tancheng County, Shandong Province displayed their drawings of “Haibao”, mascot of the Shanghai Expo.

Le 10 mars, des élèves de l’École caritative Shuhua de la commune Tancheng, district de Tancheng, province du Shandong, montrent leurs dessins de « Haibao », mascotte de l’Expo Shanghai 2010.

5月21日，上海市“世博人家”82岁的刘阿婆展示自己制作的虎头鞋。

On 21 May, granny Liu, from one of the “Expo Homestay Families” displayed her handmade tiger-head shoes.

Le 21 mai, Mme Liu, âgée de 82 ans et propriétaire d’un logis familial de Shanghai, montre les chaussures à tête de tigre qu’elle a fabriquées.

3月18日，中国东方航空公司的“世博号”客机降落在日本东京成田机场。

5月1日，上海世博会开幕纪念邮票首日封发行。

On 18 March, the Expo passenger plane of the China Eastern Airlines landed at the Narita International Airport, Tokyo.

On 1 May, the first-day cover of the Shanghai Expo commemorative stamp was released.

Le 18 mars, l'avion baptisé « Exposition universelle » de la compagnie aérienne China Eastern Airlines atterrit à l'Aéroport de Narita à Tokyo, au Japon.

Le 1er mai, le timbre et l'enveloppe commémoratifs de l'Expo Shanghai 2010 voient le jour.

上海世博会期间，100多个街道和乡镇与参展国、国际组织对接，使各参展国和国际组织领导人、工作人员得以与上海普通民众进行“零”距离接触。图为7月27日国际参展方代表在上海静安区与市民互动。

During the Shanghai Expo, over 100 communities, towns and townships were paired up with participating countries and international organizations to enable direct contact between leaders and working staff of participating countries and international organizations and ordinary people in Shanghai. The picture shows that on 27 July, representatives of international participants interacting with residents of Jing'an District, Shanghai.

Pendant l'Expo Shanghai 2010, une centaine de quartiers et de communes ont établi des contacts avec les pays et les organisations internationales exposants, ce qui a permis aux dirigeants de ces derniers ainsi qu'à leurs personnels d'avoir des échanges directs sans distance avec les Shanghaïens. Sur la photo, des représentants d'exposants internationaux rencontrant des habitants locaux dans l'arrondissement de Jing'an, à Shanghai, le 27 juillet.

7月13日，国际参展方代表在上海黄浦区学习插花。

On 13 July, representatives of international participants were learning flower arrangement techniques in Huangpu District, Shanghai.

Le 13 juillet, des représentants d'exposants internationaux apprennent à pratiquer l'arrangement floral dans l'arrondissement de Huangpu, à Shanghai.

10月12日，国际参展方代表在上海杨浦区新江湾城放飞风筝。

On 12 October, representatives of international participants flew kites at Xinjiangwan City, Yangpu District, Shanghai.

Le 12 octobre, des représentants d'exposants internationaux lancent un cerf-volant dans le quartier Xinjiangwan de l'arrondissement de Yangpu à Shanghai.

5月16日，来自德国的小记者（中）查看自己拍摄的上海世博会新闻照片时乐不可支。

On 16 May, a German student journalist (middle) could hardly conceal his amusement when checking the photos he took at the Shanghai Expo.

Un petit journaliste allemand (au milieu) comblé de joie en montrant le 16 mai les photos qu'il a prises pendant l'Expo Shanghai 2010.

10月12日，国际参展方代表体验京剧表演。

On 12 October, representatives of international participants experienced Peking Opera performance first hand.

Le 12 octobre, des représentants d'exposants internationaux interprètent une pièce d'opéra de Beijing.

7月22日，国际参展方代表在上海金山区枫泾镇农民画村向村民们学习当地舞蹈。（左图）

8月8日，参加“年轻的世博——上海国际青少年互动友谊营”活动的斯里兰卡学生在上海居民社区学习中国书法。（右图）

On 22 July, a representative of international participants was learning local dance from a villager of the Farmer-Painters' Village, Fengjing Township, Jinshan District, Shanghai. (Left picture)

On 8 August, a Sri Lankan student taking part in the Shanghai International Youth Interactive Friendship Camp was learning Chinese calligraphy in a Shanghai neighborhood. (Right picture)

Le 22 juillet, une représentante d'exposants internationaux apprend la danse locale dans un village connu pour sa peinture paysanne de la Commune Fengjing, arrondissement de Jinshan à Shanghai. (Photo à gauche)

Le 8 août, une élève srilankaise qui participe au « Shanghai international Youth interactive Friendship Camp » apprend la calligraphie chinoise dans un quartier résidentiel de Shanghai. (Photo à droite)

城市，让生活更美好

1 5月10日，青海玉树地震灾区的藏族女孩尼玛措毛（左一）在上海世博园生命阳光馆与工作人员交流试乘轮椅车感受。

2 日本人山田外美代创造了上海世博会开园184天每天入园参观未间断纪录。图为10月31日她手持上海世博会颁发的“2010上海世博会全勤证书”。

3 上海世博会期间，200多万名志愿者活跃在世博园区内外，架起了中外交流沟通的桥梁。图为10月7日，来自西班牙的志愿者（右）与中国志愿者在上海世博园内交流。

1 On 10 May, Nima Cuomao (first left), a Tibetan girl from the quake-hit Yushu County, Qinghai Province shared her feeling of riding in a wheelchair with staff in the Life and Sunshine Pavilion.

2 On 31 October, Tomiyo Yamada, a Japanese granny, set a record of visiting the Expo Site for 184 consecutive days since its opening. The picture shows her holding the “Shanghai Expo Certificate of Perfect Attendance” awarded by the Shanghai Expo.

3 During the Shanghai Expo, over 2 million volunteers worked in and outside the Expo Site, serving as a bridge between China and foreign visitors. The picture shows a Spanish volunteer (right) talking with a Chinese volunteer in the Expo Site on 7 October.

1 Le 10 mai, Nimacuomao (1ère à gauche), jeune fille tibétaine victime du séisme de Yushu dans la province du Gansu, raconte au personnel son sentiment après avoir essayé une chaise roulante au Pavillon Vie et Soleil dans le Parc de l'Expo.

2 Mme Yamada Tomiyo, japonaise, a créé un record en se rendant au parc de l'Expo sans interruption pendant les 184 jours de l'Expo Shanghai 2010. Sur la photo, elle montre, le 31 octobre, le *Certificat d'assiduité intégrale* que lui a décerné l'Exposition universelle de Shanghai.

3 Durant l'Expo Shanghai 2010, plus de 2 millions de bénévoles sont mobilisés à l'intérieur comme à l'extérieur du Parc de l'Expo pour former un trait d'union entre la Chine et les pays étrangers. Sur la photo, une bénévole espagnole (à droite) discute avec un bénévole chinois dans le Parc de l'Expo le 7 octobre.

上海世博会期间共举行了2万多场文艺演出和丰富多彩的文物展示，不同文明交流互鉴十分活跃。

Over 20,000 art performances and cultural relics exhibitions were staged during the Shanghai Expo, an indication of vibrant exchanges between civilizations.

Grâce à quelque 20,000 spectacles artistiques et expositions d'antiquités, l'Expo Shanghai 2010 a été un grand moment d'échanges et d'inspiration mutuelle entre les différentes civilisations.

10月1日，彩车在上海世博园区巡游，庆祝中国国家馆日。

On 1 October, a pageant of floats toured the Expo Site in celebration of the National Day of the China Pavilion.

Le 1er octobre, des chars décorés défilent dans le Parc de l'Expo pour fêter la journée du Pavillon Chine.

6月22日，黎巴嫩卡拉卡拉舞蹈团在上海世博中心表演。

On 22 June, a Lebanese dance group gave performance at the World Expo Center.

Spectacle donné le 22 juin par les Ballets Caracalla du Liban au Centre de l'Expo Shanghai 2010.

7月23日，埃及演员在埃及国家馆日活动上表演转裙。（左图）

On 23 July, an Egyptian performer did Sufi Dancing on the National Day of the Egypt Pavilion.(Left picture)

Danse de tanoura interprétée par un artiste égyptien le 23 juillet lors de la journée nationale de l'Égypte.(Photo à gauche)

8月26日，纳米比亚演员在纳米比亚国家馆日活动上表演。（右图）

On 26 August, Namibian dancers performed on the National Day of the Namibia Pavilion.(Right picture)

Spectacle donné le 26 août par des artistes namibiens lors de la journée nationale de la Namibie.(Photo à droite)

1 10月31日，上海世博园里的土耳其时装表演。

2 9月18日，智利舞蹈演员在智利国家馆日活动上演出。

3 9月6日，朝鲜平壤艺术团在上海世博园亚洲广场表演节目。

1 On 31 October, a Turkish fashion show was staged at the Expo Site.

2 On 18 September, Chilean dancers gave their performance on the National Day of the Chile Pavilion.

3 On 6 September, Pyongyang Art Troupe from the DPRK performed in the Asia Square of the Expo Site.

1 Défilé de mode turc dans le Parc de l'Expo le 31 octobre.

2 Danseuses chiliennes à la journée nationale du Chili le 18 septembre.

3 Spectacle donné le 6 septembre par la Troupe artistique de Pyongyang de la République populaire démocratique de Corée sur la Place de l'Asie, au Parc de l'Expo.

5月20日，纽约证券交易所在美国国家馆举行远程开市敲钟仪式。（左图）

8月15日，游客在联合国联合馆“有几个孩子能活过5岁？”主题区参观。（右图）

On 20 May, New York Stock Exchange held a remote bell ringing ceremony at the US Pavilion to open trading.(Left picture)

On 15 August, visitors toured the “How many children make it to the age of five?” thematic section in the UN Pavilion.(Right picture)

Le 20 mai, la Bourse de New York organise une cérémonie de la cloche d’ouverture de séance à distance dans le Pavillon États-Unis.(Photo à gauche)

Visiteurs dans la zone « Combien d’enfants peuvent vivre au-delà de cinq ans », au Pavillon Nations Unies, le 15 août.(Photo à droite)

3
1 2

1 布隆迪大鼓。

2 埃及法老黄金面具。

3 游客在丹麦国家馆参观小美人鱼铜像。

1 A Burundi bass drum.

2 The gold mask of an Egyptian pharaoh.

3 Visitors appreciated the "Little Mermaid" statue in the Denmark Pavilion.

1 Tambour burundais.

2 Masque d'or de pharaon.

3 Visiteurs admirant la statue de la Petite Sirène dans le Pavillon Danemark.

中国帮助建立了非洲联合馆，实现了非洲国家在世博会上的第一次整齐亮相。图为非洲联合馆外观和内景。

China helped build the Africa Joint Pavilion, enabling the collective appearance of African countries at a world expo for the first time. The picture shows the exterior and interior of the Africa Joint Pavilion.

Les pays africains ont construit leur pavillon avec l'aide chinoise, parvenant ainsi pour la première fois dans l'histoire à être tous présents à une exposition universelle. Sur la photo, l'extérieur et l'intérieur du Pavillon d'Afrique.

7月25日，游客排队进入中国帮助建立的太平洋联合馆参观。

On 25 July, visitors queued to enter the Pacific Pavilion built with China's assistance.

Le 25 juillet, des visiteurs font la queue pour entrer dans le Pavillon Pacifique construit avec l'aide chinoise.

德国国家馆外观及内景

The exterior and interior of the Germany Pavilion

Extérieur et intérieur du Pavillon Allemagne

1 2
3

1 法国国家馆　1 France Pavilion　1 Pavillon France
2 芬兰国家馆　2 Finland Pavilion　2 Pavillon Finlande
3 瑞典国家馆　3 Sweden Pavilion　3 Pavillon Suède

俄罗斯国家馆外观及内景

The exterior and interior of the Russia Pavilion

Extérieur et intérieur du Pavillon Russie

沙特国家馆外观及内景

The exterior and interior of the Saudi Arabia Pavilion

Extérieur et intérieur du Pavillon Arabie-Saoudite

7月3日至4日，上海世博会"环境变化与城市责任"主题论坛在南京召开。

From 3 to 4 July, the Expo Theme Forum on "Towards a Low-Carbon City: Environmental Change and Urban Responsibilities" was held in Nanjing.

Les 3 et 4 juillet, le Forum thématique « Protection environnementale et responsabilités de la ville » de l'Expo Shanghai 2010 se tient à Nanjing.

7月15日，上海国际青少年科技博览会与上海世博会交互主题活动在上海世博园举行。图为青少年代表领取"城市未来实践者"证书。

On 15 July, a joint activity of the Shanghai International Youth Science and Technology Expo 2010 and the Shanghai World Expo was held at the Expo Site. The picture shows youth representatives receiving certificate of practitioners of future cities.

Le 15 juillet, 2010 Shanghai International Youth Science and Technology Expo a organisé son programme du jour en partenariat avec l'Exposition universelle de Shanghai. Sur la photo, des jeunes reçoivent le certificat de « Futur praticien urbain ».

共同迎接挑战

10月29日，各大洲青年代表在上海世博会青年高峰论坛闭幕式上宣读倡议书。（上图）

上海世博会城市最佳实践区集中全球遴选出的80个城市案例，展示世界先进的城市发展理念和具体实践。图为中国成都案例馆：城市中的活水公园。（下图）

On 29 October, youth representatives from different continents read out their initiatives at the closing ceremony of the World Expo Youth Summit.(Upper picture)

The Urban Best Practices Area of the Shanghai Expo was home to 80 city cases selected worldwide to showcase world advanced ideas and practices for city development. The picture shows the Chengdu Pavilion on the theme of the Living Water Park.(Lower picture)

Le 29 octobre, les jeunes représentant tous les continents du monde lisent leur initiative à la cérémonie de clôture du Forum de haut niveau de la jeunesse de l'Expo Shanghai 2010.(Photo en haut)

La zone des meilleures pratiques urbaines de l'Expo Shanghai 2010 concentre les cas de 80 villes sélectionnées à travers le monde et montre les concepts et les pratiques avancés de développement urbain dans le monde. Sur la photo, le cas de la ville chinoise de Chengdu : parc d'eau vive dans la ville.(Photo en bas)

6月4日，游客在太空家园馆太空育种厅参观。

On 4 June, a mother and daughter visited the Space Seed-breeding Hall at the Space Home Pavilion.

Le 4 juin, des touristes visitent l'exposition sur la culture des semences dans l'espace du Pavillon Espace • Foyer.

10月31日，两位波兰游客举起写有“世博精彩，多谢上海”的中国折扇。

On 31 October, two Polish visitors held two folding fans with the words “Wonderful Expo, Thank you Shanghai”.

Le 31 octobre, deux touristes polonais montrent deux éventails chinois portant des calligraphies « Excellente exposition, grand merci à Shanghai ».

10月31日，上海世博会志愿者在世博轴前欢庆合影。

On 31 October, a group of Expo volunteers took a picture in front of the Expo Axis.

Le 31 octobre, des bénévoles de l’Expo posent pour une photo souvenir devant l’Axe de l’Expo.

10月31日，中国2010年上海世界博览会闭幕。国际展览局主席蓝峰用中文说：“中国2010年上海世博会是一个巨大的成功，这是中国的成功，这是上海的成功。”

On 31 October, the Expo 2010 Shanghai China was closed. BIE President Jean-Pierre Lafon said in Chinese, “The Expo 2010 Shanghai China has been a great success. It is the success of China and the success of Shanghai.”

Le 31 octobre, l'Expo Shanghai 2010 s'est clôturée. Le Président du Bureau international des Expositions Jean-Pierre Lafon a dit en chinois : L'Expo Shanghai 2010 a été un énorme succès. C'est un succès de la Chine, un succès de Shanghai.

第叁部分

多边交往　促进和谐

二零一零年，世界总体和平的态势没有改变，但气候变化、能源资源安全、粮食安全等非传统安全问题与地区热点、局部冲突等传统安全威胁相互交织，影响和平与发展的因素更加复杂。面对挑战，国际社会紧密团结，多边合作深入发展。

中国坚持走和平发展道路，坚定奉行互利共赢的开放战略，积极致力于推动构建和谐世界，与世界各国在国际多边事务中的协调与合作不断加强。中国领导人出席核安全峰会、上海合作组织峰会、第三次世界议长大会、联合国千年发展目标高级别会议和第六十五届联大一般性辩论，利用重要多边舞台，全面、深入阐述中国在全球性问题上的立场主张，积极倡导多边合作，共同应对危机挑战。

面对全球性议题，中国积极加强与国际社会的沟通和协调，发挥负责任大国作用。面对国际和地区热点问题，中国积极发挥建设性作用，努力推动通过和平方式解决相关问题。中国积极参加联合国维和行动，为维护国际和地区的和平与稳定作出了应有的贡献。

Part 3
Multilateral Exchanges for a Harmonious World

In 2010, the world remained peaceful on the whole. However, there were more complex factors affecting peace and development as non-traditional security threats such as climate change, energy and resources, and food security were intertwined with traditional security threats such as regional hotspot issues and conflicts. In the face of challenges, the international community worked in solidarity and multilateral cooperation developed in greater depth.

China pursues the path of peaceful development and a win-win strategy of opening up. With a strong commitment to building a harmonious world, its coordination and cooperation with other countries in the international and multilateral affairs continued to strengthen. Chinese leaders attended the Nuclear Security Summit, the Shanghai Cooperation Organization summits, the 3rd World Conference of Speakers of Parliaments, the UN High-Level Plenary Meeting on the Millennium Development Goals and the general debate of the 65th Session of the UN General Assembly. On these important multilateral platforms, they expounded on China's positions and propositions on global issues and called for all countries to jointly respond to the crisis and challenges through enhanced multilateral cooperation.

As a responsible big country, China worked actively to strengthen communication and coordination with the rest of the international community on global issues. It played a constructive role in pushing for peaceful settlement of international and regional hotspot issues. It actively participated in the UN peacekeeping missions and made due contribution to upholding international and regional peace and stability.

Partie 3

Échanges multilatéraux pour un monde harmonieux

En 2010, le monde est en paix dans son ensemble. Toutefois, les problèmes de sécurité non traditionnels tels que le changement climatique, la sécurité énergétique et la sécurité alimentaire s'entremêlent avec les menaces de sécurité traditionnelles dont les points chauds régionaux et les conflits locaux, ce qui complique davantage les enjeux de la paix et du développement. Devant les défis, la communauté internationale fait preuve d'une grande solidarité et la coopération multilatérale gagne en profondeur.

La Chine poursuit la voie de développement pacifique, applique fermement la stratégie d'ouverture gagnant-gagnant, œuvre activement pour un monde harmonieux et renforce sans cesse sa coordination et sa coopération avec les autres pays dans les affaires multilatérales. Les dirigeants chinois ont participé cette année au Sommet sur la Sécurité nucléaire, au Sommet de l'Organisation de Coopération de Shanghai (OCS), à la 3e Conférence mondiale des Présidents de parlement, à la Réunion de haut niveau des Nations Unies sur les Objectifs du Millénaire pour le Développement et au débat général de la 65e session de l'Assemblée générale des Nations Unies. À ces importantes tribunes multilatérales, les dirigeants chinois ont présenté, de manière exhaustive et approfondie, la position de la Chine sur les questions planétaires et appelé activement à la coopération multilatérale en vue d'une réponse commune aux crises et aux défis.

Sur les dossiers planétaires, la Chine, en tant que grand pays responsable, renforce activement le dialogue et la coordination avec la communauté internationale. Face aux crises internationales et régionales, elle œuvre, en jouant un rôle constructif, au règlement pacifique des problèmes. Et elle contribue, par sa participation active aux missions onusiennes de maintien de la paix, à la préservation de la paix et de la stabilité internationales et régionales.

Nuclear
Security
Summit
Washington, 2010

核安全峰会

4月13日，国家主席胡锦涛（前排右四）在华盛顿出席核安全峰会。图为胡锦涛主席同其他与会领导人集体合影。（左图）

4月12日，胡锦涛主席（左）出席峰会期间会见美国总统巴拉克·奥巴马。（右图）

On 13 April, President Hu Jintao (fourth from right, at front) attended the Nuclear Security Summit held in Washington. This is a group photo of President Hu and other leaders attending the summit. (Left picture)

On 12 April, President Hu Jintao (left) met with the US President Barack Obama on the sidelines of the Nuclear Security Summit.(Right picture)

Le 13 avril, le Président Hu Jintao (1er rang, 4e à droite) a participé à Washington au Sommet sur la Sécurité nucléaire. Sur la photo, le Président Hu Jintao avec les autres dirigeants participants.(Photo à gauche)

Le 12 avril, le Président Hu Jintao (à gauche) rencontre, en marge du Sommet, son homologue américain Barack Hussein Obama.(Photo à droite)

6月11日，上海合作组织成员国元首理事会第十次会议在乌兹别克斯坦首都塔什干举行，国家主席胡锦涛（左七）出席峰会并发表题为《深化务实合作 维护和平稳定》的重要讲话。图为与会成员国元首和代表、观察员国领导人、主席国客人集体合影。

On 11 June, the 10th Meeting of the Council of the Heads of the Member States of the Shanghai Cooperation Organization (SCO) was held in Tashkent, capital of Uzbekistan. President Hu Jintao (seventh from left) attended the meeting and delivered an important speech entitled *Deepen Practical Cooperation and Uphold Peace and Stability*. This is a group photo of attending heads of state or representatives of SCO member states, leaders of observing countries, and guests of the host country.

Le 11 juin, le Président Hu Jintao (7e à gauche) a participé, à Tachkent, capitale de l'Ouzbékistan, à la 10e Réunion du Conseil des Chefs d'État de l'Organisation de Coopération de Shanghai (OCS) et prononcé un discours intitulé *Renforcer la coopération pragmatique et préserver la paix et la stabilité*. Sur la photo, les Chefs d'États ou leurs représentants, les dirigeants des pays observateurs et les invités du pays hôte.

11月25日，上海合作组织成员国第九次总理会议在塔吉克斯坦首都杜尚别举行。国务院总理温家宝（左四）同其他与会成员国代表团团长合影。

On 25 November, the 9th Prime Ministers' Meeting of the SCO was held in Dushanbe, capital of the Republic of Tajikistan. Premier Wen Jiabao (fourth from left) took a group photo with other heads of delegation.

Le 25 novembre, la 9e Réunion des Premiers Ministres des pays membres de l'OCS s'est tenue à Douchanbé, capitale de la République du Tadjikistan. Sur la photo, le Premier Ministre du Conseil des Affaires d'État Wen Jiabao (4e à gauche) avec les autres chefs de délégation.

5月14日，国家主席胡锦涛（右二）在北京会见来华出席中国–阿拉伯国家合作论坛第四届部长级会议的阿拉伯国家代表团团长。

On 14 May, President Hu Jintao (second from right) met with heads of delegation from Arab countries in Beijing who attended the 4th Ministerial Conference of China-Arab States Cooperation Forum in China.

Le 14 mai, le Président Hu Jintao (2e à droite) rencontre, à Beijing, les chefs de délégation arabe venus en Chine pour la 4e Conférence ministérielle du Forum sur la Coopération sino-arabe.

中国—阿拉伯国家合作论坛

5月13日，国务院总理温家宝（前排左七）出席在天津举行的中国—阿拉伯国家合作论坛第四届部长级会议开幕式并发表主旨演讲。图为温家宝总理同与会的阿拉伯国家外长、部长和代表以及阿盟秘书长集体合影。

On 13 May, Premier Wen Jiabao (front, seventh from left) attended the opening ceremony of the 4th Ministerial Conference of China-Arab States Cooperation Forum in Tianjin and delivered a keynote speech. This picture is a group photo of Premier Wen and attending foreign ministers, other ministers and representatives of Arab countries and the Secretary General of the League of Arab States.

Le 13 mai, le Premier Ministre Wen Jiabao (1er rang, 7e à gauche) a participé, à Tianjin, à la cérémonie d'ouverture de la 4e Conférence ministérielle du Forum sur la Coopération sino-arabe et y a prononcé un discours inaugural. Sur la photo, le Premier Ministre Wen Jiabao avec les Ministres des Affaires étrangères, les Ministres des pays arabes participants ou leurs représentants, ainsi que le Secrétaire général de la Ligue des arabes États.

7月19日，第三次世界议长大会在瑞士日内瓦召开，全国人大常委会委员长吴邦国（前排右四）出席大会并发表重要讲话。图为吴邦国委员长同联合国秘书长潘基文（前排右三）及出席会议的其他国家议长集体合影。

On 19 July, the 3rd World Conference of Speakers of Parliaments was held in Geneva, Switzerland. NPC Chairman Wu Bangguo (front, fourth from right) attended the conference and made an important speech. This picture is a group photo of NPC Chairman Wu Bangguo (front, third from right), UN Secretary General Ban Ki-moon and other speakers of parliaments attending the conference.

Le 19 juillet, le Président du Comité permanent de l'APN Wu Bangguo a participé, à Genève, en Suisse, à la 3e Conférence mondiale des Présidents de parlement et y a prononcé un discours important. Sur la photo, le Président Wu Bangguo (1er rang, 4e à droite) avec le Secrétaire général des Nations Unies Ban Ki-moon (1er rang, 3e à droite) et les Présidents de parlement des autres pays participant à la conférence.

亚欧首脑会议

10月4日，第八届亚欧首脑会议在比利时首都布鲁塞尔开幕，国务院总理温家宝出席开幕式并致辞。图为温家宝总理（左二）同比利时国王阿尔贝二世（中）及首相莱特姆（右二）、欧洲理事会常任主席范龙佩（左一）和欧盟委员会主席巴罗佐（右一）合影。（上图）

10月6日，国务院总理温家宝（左）在布鲁塞尔同欧洲理事会主席赫尔曼·范龙佩（中）、欧盟委员会主席若泽·曼努埃尔·巴罗佐（右）共同主持第十三次中欧领导人会晤。（下图）

On 4 October, ASEM8 was held in Brussels, capital of Belgium. Premier Wen Jiabao attended and addressed the opening ceremony. This is a group photo of Premier Wen (second from left), His Majesty King Albert II of Belgium (middle), Prime Minister Yves Leterme of Belgium (second from right), President Herman Van Rompuy of the European Council (first from left), and President José Manuel Barroso of the European Commission (first from right).(Upper picture)

On 6 October, Premier Wen Jiabao (left), President Herman Van Rompuy (middle) of the European Council, and President José Manuel Barroso (right) of the European Commission, co-chaired the 13th China-EU Summit.(Lower picture)

Le 4 octobre, le Premier Ministre Wen Jiabao a participé, à Bruxelles, capitale belge, au 8e Sommet de l'ASEM et y a prononcé une allocution. Sur la photo, le Premier Ministre Wen Jiabao (2e à gauche) avec Sa Majesté le Roi des Belges Albert II (au milieu), le Premier Ministre belge Yves Leterme (2e à droite), le Président du Conseil européen Herman Van Rompuy (1er à gauche) et le Président de la Commission européenne José Manuel Barroso (1er à droite). (Photo en haut)

Le 6 octobre, à Bruxelles, le Premier Ministre Wen Jiabao (à gauche) préside, ensemble avec le Président du Conseil européen Herman Van Rompuy (au milieu) et le Président de la Commission européenne José Manuel Barroso (à droite), le 13e Sommet Chine-UE. (Photo en bas)

5月30日，国务院总理温家宝在韩国济州岛出席第三次中日韩领导人会议第二阶段会议。

On 30 May, Premier Wen Jiabao attended the second stage of meeting of the 3rd China-Japan-ROK Trilateral Summit Meeting held in Jeju, the Republic of Korea.

Le 30 mai, le Premier Ministre Wen Jiabao participe, à Jeju, en République de Corée, à la réunion de la 2e phase du 3e Sommet Chine-Japon-République de Corée.

10月29日，国务院总理温家宝（左六）在越南首都河内出席第十三次中国与东盟领导人会议。

On 29 October, Premier Wen Jiabao (sixth from left) attended the 13th ASEAN-China Summit in Hanoi, Viet Nam.

Le 29 octobre, le Premier Ministre Wen Jiabao (6e à gauche) participe, à Hanoï, capitale du Viet Nam, au 13e Sommet ASEAN-Chine.

10月30日，国务院总理温家宝（右八）出席在越南首都河内召开的第五届东亚峰会。

On 30 October, Premier Wen Jiabao (eighth from right) attended the 5th East Asia Summit in Hanoi, Viet Nam.

Le 30 octobre, le Premier Ministre Wen Jiabao (8e à droite) participe, à Hanoï, capitale du Viet Nam, au 5e Sommet de l'Asie de l'Est.

东盟地区论坛外长会

7月23日，中国外交部长杨洁篪（前排左二）出席在越南首都河内举行的第17届东盟地区论坛外长会。

On 23 July, Chinese Foreign Minister Yang Jiechi (front, second from left) attended the Foreign Ministers' Meeting of the 17th ASEAN Regional Forum in Hanoi, Viet Nam.

Le 23 juillet, le Ministre chinois des Affaires étrangères Yang Jiechi (1er rang, 2e à gauche) participe, à Hanoï, capitale du Viet Nam, à la 17e Réunion des Ministres des Affaires étrangères du Forum régional de l'ASEAN.

10月25日，中非合作论坛中方后续行动委员会在北京钓鱼台国宾馆举行中非合作论坛成立10周年纪念招待会，全国政协主席贾庆林出席并致辞。

On 25 October, the Chinese Follow-up Committee of Forum on China-Africa Cooperation (FOCAC) held a reception commemorating the 10th anniversary of FOCAC at the Diaoyutai State Guesthouse. CPPCC Chairman Jia Qinglin attended the reception and delivered a speech.

Le 25 octobre, le Comité de suivi chinois du Forum sur la Coopération sino-africaine (FCSA) tient, à la Résidence des Hôtes d'État Diaoyutai, à Beijing, une réception célébrant le 10e anniversaire du FCSA. Le Président du Comité national de la CCPPC Jia Qinglin y participe et prononce une allocution.

6月8日，中国国家主席胡锦涛的特别代表、国务委员戴秉国（前）出席亚洲相互协作与信任措施会议成员国元首和政府首脑会议并发表讲话。

On 8 June, State Councilor Dai Bingguo (front), the Special Representative of Chinese President Hu Jintao, attended and addressed the 3rd Summit of the Conference on Interaction and Confidence-Building Measures in Asia (CICA).

Le 8 juin, l'Envoyé spécial du Président chinois Hu Jintao et Conseiller d'État Dai Bingguo (1er plan) participe au 3e Sommet de la Conférence pour l'interaction et les mesures de confiance en Asie (CICA) et y prononce un discours.

9月1日，国务委员戴秉国（右三）和欧盟外交与安全政策高级代表兼欧盟委员会副主席阿什顿（左三）在贵州省贵阳市共同主持首轮中欧高级别战略对话。

On 1 September, State Councilor Dai Bingguo (third from right) and Lady Catherine Ashton (third from left), High Representative of the European Union for Foreign Affairs and Security Policy and Vice President of the European Commission, co-chaired the 1st China-EU Strategic Dialogue in Guiyang, Guizhou Province.

Le 1er septembre, le Conseiller d'État Dai Bingguo (3e à droite) et la Haute Représentante de l'UE pour les affaires étrangères et la politique de sécurité et Vice-Présidente de la Commission européenne Catherine Ashton (3e à gauche) coprésident, à Guiyang, au Guizhou, le 1er Dialogue stratégique de haut niveau entre la Chine et l'UE.

6月4日，中国外交部长杨洁篪（右三）与海湾合作委员会轮值主席国、科威特副首相兼外交大臣穆罕默德·萨巴赫·萨利姆·萨巴赫、候任轮值主席国阿联酋外交事务国务部长安瓦尔·穆罕默德·卡尔卡什和海湾合作委员会秘书长阿卜杜拉赫曼·本·哈马德·阿提亚在北京共同举行中国—海湾合作委员会首轮战略对话。

On 4 June, Chinese Foreign Minister Yang Jiechi (third from right), Mohammed Sabah Al-Salem Al-Sabah, Deputy Prime Minister and Foreign Minister of Kuwait, the current rotating president of the Gulf Cooperation Council (GCC), Anwar Mohammed Qarqash, Minister of State for Foreign Affairs of UAE, the next rotating president of the GCC, and Abdul-Rahman Bin Hamad Al-Attiyah, Secretary General of the GCC, co-chaired the inaugural strategic dialogue between China and the GCC in Beijing.

Le 4 juin, à Beijing, le Ministre des Affaires étrangères Yang Jiechi (3e à droite), le Vice-Premier Ministre et Ministre des Affaires étrangères du Koweït, Président en exercice du Conseil de Coopération du Golfe (CCG) Mohammed Sabah Al-Salem Al-Sabah, le Ministre d'État aux Affaires étrangères des Émirats arabes unis et prochain président du CCG Anwar Mohammed Qarqash et le Secrétaire général du CCG Abdul-Rahman Bin Hamad Al-Attiyah au premier Dialogue stratégique Chine-CCG.

11月15日，中国外交部长杨洁篪（中）与俄罗斯外长拉夫罗夫（右）、印度外长克里希纳（左）举行中俄印外长第十次会晤。

On 15 November, Chinese Foreign Minister Yang Jiechi (middle), Russian Foreign Minister Sergey Lavrov (right) and Indian External Affairs Minister S. M. Krishna (left) held the 10th meeting of Foreign Ministers of China, Russia and India.

Le 15 novembre, le Ministre chinois des Affaires étrangères Yang Jiechi (au milieu), le Ministre russe des Affaires étrangères Sergueï Lavrov (à droite) et le Ministre indien des Affaires étrangères S. M. Krishna (à gauche) à la 10e Rencontre des Ministres des Affaires étrangères Chine-Russie-Inde.

5月10日，外交部官员出席在巴哈马首都拿骚举行的中国与加勒比建交国外交部间第四次磋商。

On 10 May, Chinese officials attended the 4th consultation between foreign ministries of China and Caribbean countries with diplomatic relations with China in Nassau, capital of Bahamas.

Un officiel chinois au 4e tour des consultations entre le Ministère chinois des Affaires étrangères et les Ministères des Affaires étrangères des pays caraïbes ayant des relations diplomatiques avec la Chine le 10 mai à Nassau, capitale des Bahamas.

6月25日，中非合作论坛后续行动委员会秘书处与非洲驻华使节举行磋商会。

On 25 June, the Secretariat of the Chinese Follow-up Committee of FOCAC held consultation with the African Diplomatic Corps in Beijing.

Consultations entre le Secrétariat du Comité de suivi chinois du FCSA et le corps diplomatique africain en Chine le 25 juin.

9月22日至23日，国务院总理温家宝在纽约联合国总部出席联合国千年发展目标高级别会议及第65届联合国大会一般性辩论，并发表重要讲话。

On 22 and 23 September, Premier Wen Jiabao attended the UN High-Level Plenary Meeting on the Millennium Development Goals and the general debate of the 65th Session of the UN General Assembly at the UN headquarters in New York and delivered important speeches.

Les 22 et 23 septembre, le Premier Ministre Wen Jiabao participe, à New York, au siège des Nations Unies, à la Réunion de haut niveau des Nations Unies sur les Objectifs du Millénaire pour le Développement et au débat général de la 65e session de l'Assemblée générale et y prononce respectivement un discours important.

1 2
3

1 1月28日，中国外交部长杨洁篪（左三）与联合国秘书长潘基文（左二）在阿富汗问题国际会议期间举行会谈。

2 3月3日，苏丹总统奥马尔·哈桑·艾哈迈德·巴希尔（右一）在首都喀土穆会见中国政府达尔富尔问题特别代表刘贵今（左二）。

3 6月13日，沙特阿拉伯王国国王阿卜杜拉（右一）在沙特第二大城市吉达会见中国中东问题特使吴思科（左一）。

1 On 28 January, Chinese Foreign Minister Yang Jiechi (third from left) held talks with UN Secretary General Ban Ki-moon (second from left) on the sidelines of an international conference on Afghanistan.

2 On 3 March, President of Sudan Omar Hassan Ahmed Al-Bashir (first from right) met with Mr. Liu Guijin (second from left), the special representative of the Chinese government on Darfur in Khartoum.

3 On 13 June, His Majesty Abdullah Bin Abdul-Aziz of the Kingdom of Saudi Arabia (first from right) met with Mr. Wu Sike (first from left), China's special envoy on the Middle East issue in Jeddah, the second largest city in Saudi Arabia.

1 Le 28 janvier, le Ministre des Affaires étrangères Yang Jiechi (3e à gauche) s'entretient avec le Secrétaire général des Nations Unies Ban Ki-moon (2e à gauche) en marge de la Conférence internationale sur l'Afghanistan.

2 Le 3 mars, le Président du Soudan Omar Hassan Ahmed Al-Bashir (1er à droite) reçoit, à Khartoum, l'Envoyé spécial du gouvernement chinois pour le Darfour Liu Guijin (2e à gauche).

3 Le 13 juin, le Roi Abdullah Bin Abdul-Aziz d'Arabie saoudite (1er à droite) reçoit, à Djeddah, deuxième ville du royaume, l'Envoyé spécial chinois pour le Moyen-Orient Wu Sike (1er à gauche).

1 3
2

1 1月28日，在海地首都太子港，一名中国赴海地维和警察防暴队队员与美军士兵在街头巡逻。

2 3月3日，利比里亚总统埃伦·约翰逊·瑟利夫（右二）检阅第九批中国赴利维和部队医疗分队，感谢中国医护人员为利比里亚人民的健康与和平所作的贡献。

3 11月1日，中国第八支赴海地维和警队出征授旗仪式在北京举行。

1 On 28 January, an anti-riot policeman of the Chinese peacekeeping team in Haiti was patrolling along with American soldiers in the capital Port-au-Prince.

2 On 3 March, President Ellen Johnson-Sirleaf (second from right) inspected the medical team of the ninth Chinese peacekeeping team to Liberia and expressed her gratitude to Chinese medical workers for their contribution to the health and peace of the Liberian people.

3 On 1 November, the flag ceremony for the eighth Chinese peacekeeping police team was held in Beijing.

1 Le 28 janvier, à Port-au-Prince, un policier anti-émeute chinois en mission de maintien de la paix en Haïti fait la patrouille aux côtés de soldats américains dans la rue.

2 Le 3 mars, la Présidente du Libéria Ellen Johnson-Sirleaf (2e à droite) passe en revue l'équipe médicale du 9e contingent chinois pour le maintien de la paix dans son pays et la remercie de sa contribution à la santé du peuple libérien et à la paix du pays.

3 Le 1er novembre, a lieu à Beijing la cérémonie de remise du drapeau au 8e contingent de police chinoise pour le maintien de la paix en Haïti.

第肆部分

深化合作　共谋发展

二零一零年，国际金融危机深层次影响继续发酵，世界经济复苏的脆弱性和不平衡性进一步显现。中国高举和平、发展、合作旗帜，积极开展全方位经济外交，同各国的互利共赢合作迈出新步伐。

中国领导人积极参与二十国集团领导人多伦多、首尔峰会和亚太经济合作组织第十八次领导人非正式会议，凝聚各国共识，促进共同发展，积极参与并推动世界经济治理机制改革，为增加发展中国家在世界经济中的发言权和代表性发挥重要作用。中国以中国—东盟自贸区成功启动为新起点，推动区域合作迈上新台阶。中国大力支持和援助发展中国家建设，推动实施『引进来』和『走出去』，促成一大批对外重大合作项目。中国积极承办联合国气候变化谈判天津会议，参与坎昆气候变化大会，为人类的共同利益贡献自己的力量。

这一年，中国外交焕发出蓬勃的朝气。我们积极推动对话交流，努力拓展务实合作，为国内转变经济发展方式、调整经济结构营造了总体良好的外部环境，也为推动全球经济包容性增长、迈向共同繁荣作出了自己的贡献。

Part 4

Deepening Cooperation for Common Development

In 2010, the deep impact of the global financial crisis continued reverberating around the world. The fragility and unevenness of world economic recovery loomed larger. Holding high the banner of peace, development and cooperation, China actively conducted all-dimensional economic diplomacy and made new strides in carrying out mutually-beneficial cooperation with other countries.

Chinese leaders attended the G20 summits in Toronto and Seoul and the 18th APEC Economic Leaders' Meeting for building consensus among different countries and promoting common development. They took an active part in promoting the reform of world economic governance mechanisms, thus playing an important role in increasing the say and representation of developing countries in world economy. Taking the launch of the China-ASEAN Free Trade Area as the new starting point, China endeavored to elevate regional cooperation to a higher level. China provided strong support and assistance to other developing countries, implemented the "bringing in" and "going out" strategies and facilitated a large number of important cooperation projects. China was an enthusiastic host to the UN Climate Change Conference in Tianjin and participated in the Cancun Climate Change Conference, making its own contribution to the common interests of mankind.

China's diplomacy in 2010 showed great vigor and vitality. We actively promoted dialogue and exchanges and endeavored to expand practical cooperation. By so doing, we have forged a generally sound external environment for the shift of the development model and economic restructuring at home and contributed our share to the inclusive growth of the global economy and common prosperity of the world.

Partie 4

Coopération pour un développement commun

En 2010, les impacts profonds de la crise financière internationale continuent de fermenter tandis que la reprise de l'économie mondiale s'avère plus que jamais fragile et inégale. Portant haut levé le drapeau de la paix, du développement et de la coopération, la Chine a mené activement une diplomatie économique tous azimuts, franchissant de nouvelles étapes dans la coopération mutuellement bénéfique avec les autres pays du monde.

Les dirigeants chinois ont pris une part active aux Sommets du G20 à Toronto et à Séoul et à la 18e Réunion des dirigeants des entités économiques de l'APEC pour consolider les consensus et promouvoir le développement commun de tous les pays du monde. La Chine a agi activement pour faire progresser la réforme de la gouvernance économique mondiale et joué un rôle majeur pour que les pays en développement aient davantage voix au chapitre avec une meilleure représentation dans l'économie mondiale. Considérant la mise en place de la zone de libre-échange Chine-ASEAN comme un nouveau point de départ, la Chine a œuvré à porter la coopération régionale à un palier plus élevé. Elle a déployé d'énormes efforts pour appuyer et aider les autres pays en développement dans leur édification nationale et conclu de nombreux projets de coopération internationale importants à travers la mise en œuvre de la politique dite « introduire de l'étranger » et « aller à l'extérieur ». En outre, la Chine a accueilli la Réunion de négociations des Nations Unies sur le changement climatique à Tianjin et participé activement à la Conférence de Cancun sur le changement climatique, apportant ainsi sa part de contribution aux intérêts communs de l'humanité tout entière.

En 2010, la diplomatie chinoise a connu un essor vigoureux. Nous avons intensifié le dialogue et les échanges avec l'extérieur, élargi la coopération pragmatique et créé un environnement extérieur favorable à la transformation du mode de développement et à la restructuration économique sur le plan national, tout en contribuant à une croissance inclusive de l'économie mondiale pour une prospérité commune.

二十国集团领导人峰会

6月26日至27日，二十国集团领导人第四次峰会在加拿大多伦多举行。图为国家主席胡锦涛（前排左四）同与会各国领导人及有关国际组织负责人合影。（左图）

6月27日，胡锦涛主席在二十国集团领导人第四次峰会上发表题为《同心协力　共创未来》的重要讲话。（右图）

From 26 to 27 June, the 4th G20 Summit was held in Toronto, Canada. The picture shows President Hu Jintao (front, fourth from left) in a group photo with leaders of other participating countries and relevant international organizations.(Left picture)

On 27 June, President Hu Jintao delivered an important speech entitled *Work in Unity for the Future* at the 4th G20 Summit.(Right picture)

Les 26 et 27 juin, le 4e Sommet du G20 se tient à Toronto au Canada. Sur la photo, le Président Hu Jintao (1er rang, 4e à gauche) avec les autres dirigeants et les responsables d'organisations internationales participant au Sommet. (Photo à gauche)

Le 27 juin, au 4e Sommet du G20, le Président Hu Jintao prononce un discours important intitulé *Travailler dans l'unité pour l'avenir.* (Photo à droite)

11月12日，国家主席胡锦涛（前排右五）在韩国首尔出席二十国集团领导人第五次峰会。

On 12 November, President Hu Jintao (front, fifth from right) attended the 5th G20 Summit in Seoul, ROK.

Le 12 novembre, le Président Hu Jintao (1er rang, 5e à droite) participe au 5e Sommet du G20 à Séoul en République de Corée.

4月15日，“金砖四国”领导人第二次正式会晤在巴西首都巴西利亚举行。图为国家主席胡锦涛（右二）与巴西总统卢拉（左二）、俄罗斯总统梅德韦杰夫（左一）、印度总理辛格（右一）合影。

On 15 April, the 2nd BRIC Summit was held in Brasilia, Brazil. The picture shows President Hu Jintao (third from left) in a group photo with Brazilian President Luiz Inácio Lula da Silva (second from left), Russian President Dmitry Medvedev (first form left) and Indian Prime Minister Manmohan Singh (first from right).

Le 15 avril, le 2e Sommet du BRIC se tient à Brasilia, capitale du Brésil. Sur la photo, le Président Hu Jintao (2er à droite) avec le Président brésilien Luiz Inácio Lula da Silva (2e à gauche), le Président russe Dmitri Medvedev (1er à gauche) et le Premier Ministre indien Manmohan Singh (1er à droite).

11月13日，国家主席胡锦涛（右六）在日本横滨出席亚太经合组织第十八次领导人非正式会议。图为与会各成员领导人集体合影。

On 13 November, the 18th APEC Economic Leaders' Meeting was held in Yokohama, Japan. The picture shows President Hu Jintao (sixth from right) in a group photo with leaders of other member economies.

Le 13 novembre, la 18e Réunion des dirigeants des entités économiques de l'APEC a lieu à Yokohama au Japon. Sur la photo, le Président Hu Jintao (6e à droite) avec les autres dirigeants présents à la Réunion.

亚太经合组织领导人非正式会议

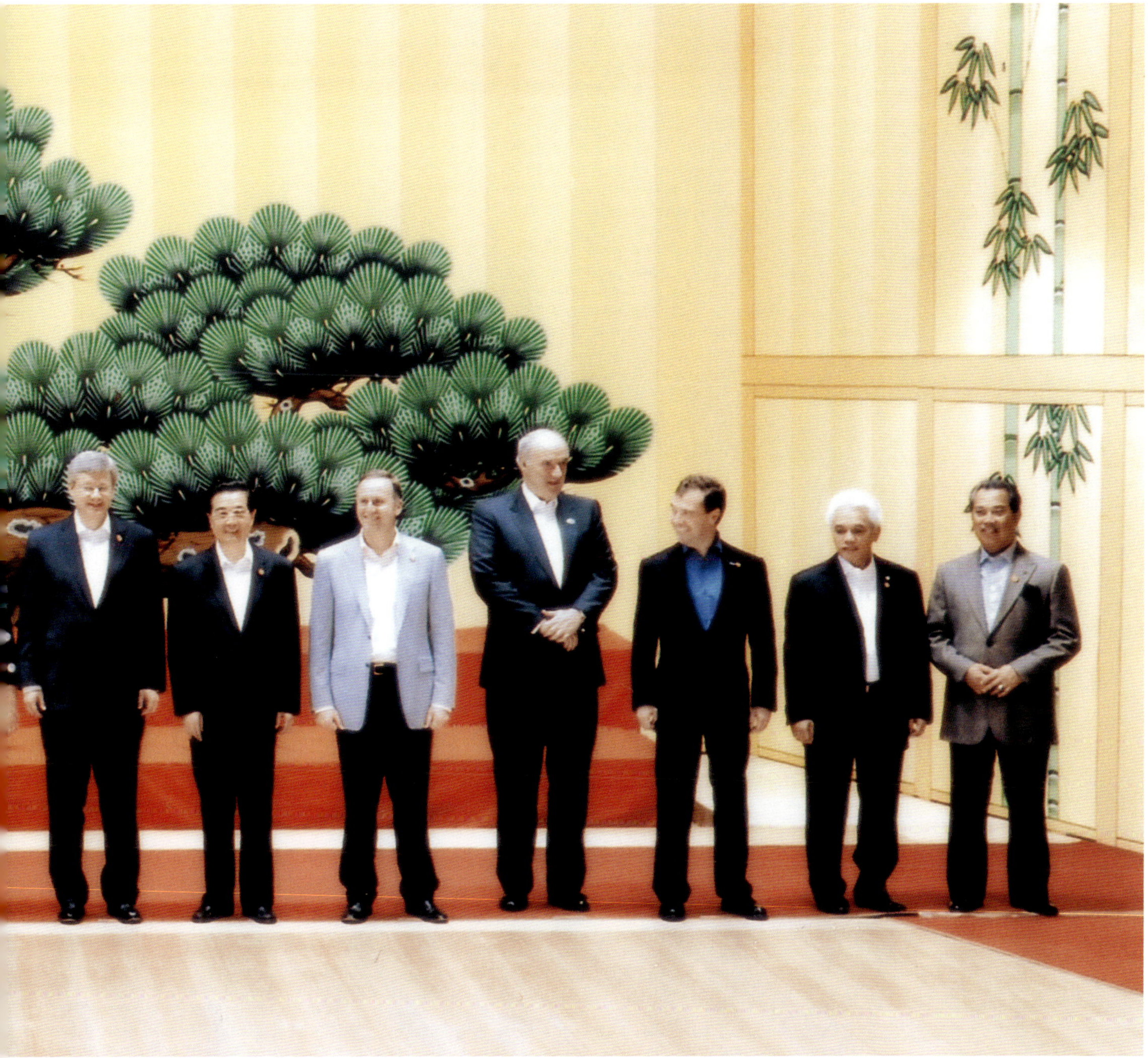

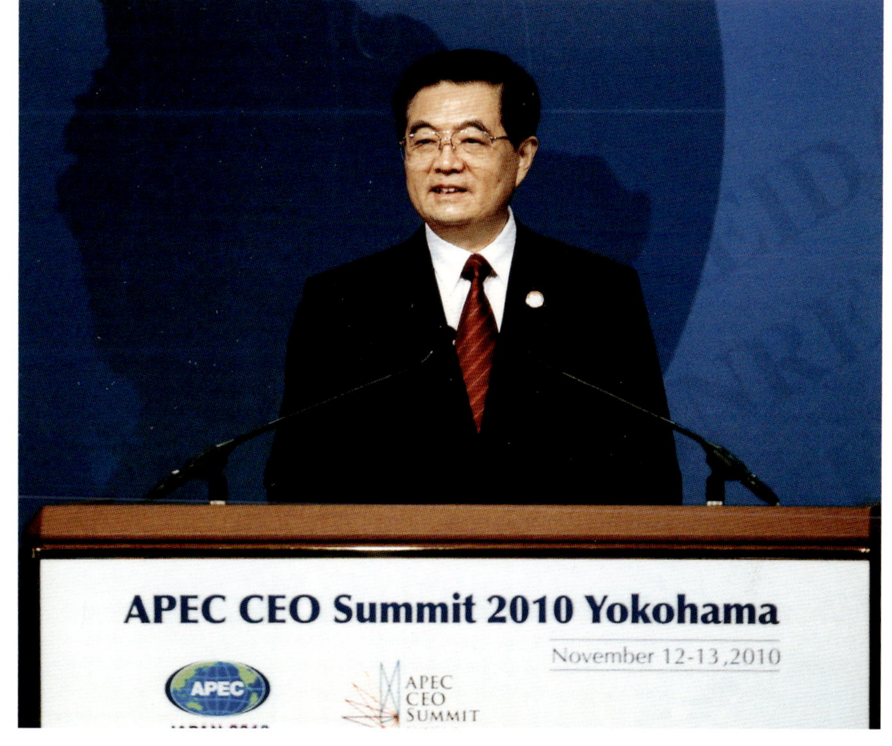

11月13日，国家主席胡锦涛出席亚太经合组织工商领导人峰会，并发表题为《共同发展　共享繁荣》的重要演讲。

On 13 November, President Hu Jintao attended the APEC CEO Summit and delivered an important speech entitled *Towards Common Development and Shared Prosperity.*

Le 13 novembre, le Président Hu Jintao prononce, au Sommet CEO de l'APEC, un discours important intitulé *Ensemble pour le développement partagé et la prospérité commune.*

4月10日，博鳌亚洲论坛2010年年会在海南博鳌召开。国家副主席习近平出席开幕式并发表题为《携手推进亚洲绿色发展和可持续发展》的主旨演讲。

On 10 April, the Boao Forum for Asia Annual Conference 2010 was held in Boao, Hainan Province. Vice President Xi Jinping attended the opening ceremony and delivered a keynote speech entitled *Work Together for Asia's Green and Sustainable Development*.

Le 10 avril, la Conférence annuelle 2010 du FBA s'est ouverte à Bo'ao, dans la province de Hainan. À l'ouverture de la Conférence, le Vice-Président Xi Jinping prononce un discours intitulé *Travaillons ensemble pour un développement vert et durable en Asie*.

1月28日，国务院副总理李克强出席在瑞士达沃斯举行的世界经济论坛并发表特别致辞。

On 28 January, Vice Premier Li Keqiang of the State Council attended the World Economic Forum Annual Meeting 2010 in Davos, Switzerland and delivered a Special Message.

Le 28 janvier, le Vice-Premier Ministre Li Keqiang adresse un message spécial à la Réunion annuelle du Forum économique mondial de Davos en Suisse.

11月13日，国务院总理温家宝在澳门特别行政区出席中国—葡语国家经贸合作论坛（澳门）第三届部长级会议。图为温家宝总理（右五）同有关葡语国家代表团团长及澳门特区行政长官崔世安（左二）合影。

On 13 November, Premier Wen Jiabao of the State Council attended the 3rd Ministerial Conference of the Forum for Economic and Trade Cooperation Between China and Portuguese-Speaking Countries (Macao) in Macao Special Administrative Region (SAR). The picture shows Premier Wen Jiabao (fifth from right) in a group photo with the heads of delegations of relevant Portuguese-speaking countries and Chief Executive of Macao SAR Fernando Chui Sai On (second from left).

Le 13 novembre, le Premier Ministre Wen Jiabao participe à la 3e Conférence ministérielle du Forum de Coopération économique et commerciale entre la Chine et les pays lusophones qui se tient dans la Région administrative spéciale de Macao. Sur la photo, le Premier Ministre Wen Jiabao (5e à droite) avec les chefs de délégation de pays lusophones et le Chef exécutif de Macao Fernando Chui Sai On (2e à gauche).

10月19日，全国政协主席贾庆林（左五）在广西南宁出席第七届中国－东盟博览会开幕式。图为贾庆林主席与来宾一起将象征自贸区成果的果汁倒入“成果之杯”。

On 19 October, CPPCC Chairman Jia Qinglin (fifth from left) attended the Opening Ceremony of the 7th China-ASEAN Exposition in Nanning, Guangxi Province. The picture shows CPPCC Chairman Jia Qinglin, together with other VIP guests, pouring fruit juice that symbolized the achievements of the China-ASEAN Free Trade Area into the “Fruit Jars”.

Le 19 octobre, le Président du Comité national de la CCPPC Jia Qinglin (5e à gauche) participe à la cérémonie d’ouverture de la 7e Exposition Chine-ASEAN tenue à Nanning dans la province du Guangxi. Sur la photo, le Président Jia Qinglin, avec les autres invités, déversent dans les « coupes des fruits » du jus de fruit symbolisant les réalisations de la zone de libre-échange.

10月22日，中国国务院副总理王岐山（中）在成都宣布第十一届中国西部国际博览会开幕。

On 22 October, Vice Premier Wang Qishan (middle) of the State Council declared the opening of the 11th Western China International Fair in Chengdu.

Le 22 octobre, le Vice-Premier Ministre Wang Qishan (au milieu) déclare l’ouverture de la 11e Foire internationale de l’Ouest de la Chine à Chengdu.

5月24日，第二轮中美战略与经济对话在北京举行。开幕式前，中国国家主席胡锦涛的特别代表、国务院副总理王岐山（前排右十一），国务委员戴秉国（前排右十）和美国总统奥巴马的特别代表、国务卿克林顿（前排左十）、财政部长盖特纳（前排左九）及双方代表团主要成员合影。（上图）

12月21日，第三次中欧经贸高层对话在北京举行。（下图）

On 24 May, the Second Round of China-US Strategic and Economic Dialogues was held in Beijing. The picture shows Vice Premier Wang Qishan (front, eleventh from right) of the State Council and State Councilor Dai Bingguo (front, tenth from right), Special Representatives of Chinese President Hu Jintao, in a group photo with Secretary of State Hillary Clinton (front, tenth from left) and Secretary of Treasury Timothy Geithner (front, ninth from left), Special Representatives of US President Barack Obama and principal members of the two delegations before the opening ceremony.(Upper picture)

On 21 December, the 3rd China-EU High Level Economic and Trade Dialogue was held in Beijing.(Lower picture)

Le 24 mai, le deuxième tour des Dialogues stratégique et économique Chine-États-Unis se tient à Beijing. Avant l'ouverture, le Vice-Premier Ministre Wang Qishan (1er rang, 11e à droite) et le Conseiller d'État Dai Bingguo (1er rang, 10e à droite), Représentants spéciaux du Président Hu Jintao, avec la Secrétaire d'État américain Hillary Clinton (1er rang, 10e à gauche) et le Secrétaire au Trésor Timothy Geithner (1er rang, 9e à gauche), Représentants spéciaux du Président américain Barack Obama, et les principaux membres des délégations chinoise et américaine.(Photo en haut)

Le 21 décembre, le 3e Dialogue économique et commercial de haut niveau entre la Chine et l'UE se tient à Beijing.(Photo en bas)

11月9日，第三次中英经济财金对话在北京举行。（上图）

8月28日，第三次中日经济高层对话在北京举行。（下图）

On 9 November, the 3rd China-UK Economic and Financial Dialogue was held in Beijing.(Upper picture)

On 28 August, the 3rd China-Japan High-Level Economic Dialogue was held in Beijing.(Lower picture)

Le 9 novembre, le 3e Dialogue économique et financier entre la Chine et le Royaume-Uni se tient à Beijing.(Photo en haut)

Le 28 août, le 3e Dialogue économique de haut niveau entre la Chine et le Japon se tient à Beijing.(Photo en bas)

8月12日，由商务部、外交部、财政部等部门共同举办的《大道无疆——中国对外援助60周年纪念展》在北京开幕。国务院副总理王岐山（左三）出席开幕式。

8月13日至14日，全国援外工作会议在北京召开。

On 12 August, the exhibition entitled "60 Years of China's Overseas Aid", jointly held by the Ministry of Commerce, the Ministry of Foreign Affairs, the Ministry of Finance and other relevant agencies, was opened in Beijing. The picture shows Wang Qishan (third from left), Vice Premier of the State Council, at the opening ceremony.

From 13 to 14 August, the National Conference on Aid to Foreign Countries was held in Beijing.

Le 12 août, est inaugurée à Beijing l'Exposition *Solidarité sans frontière* □ *60 ans d'aide chinoise à l'étranger,* organisée conjointement par le Ministère du Commerce, le Ministère des Affaires étrangères et le Ministère des Finances. M. Wang Qishan (3e à gauche), Vice-Premier Ministre, participe à l'ouverture de l'Exposition.

Les 13 et 14 août, la Réunion nationale sur l'aide à l'étranger a lieu à Beijing.

5月20日，全国人大外委会主任李肇星（前排右一）向马拉维总统宾古·瓦·穆塔里卡（前排左一）递交象征开启中国援建马拉维议会大厦的“金钥匙”。

On 20 May, Chairman Li Zhaoxing (front, first from right) of the Foreign Affairs Committee of the NPC presented President Bingu wa Mutharika (front, first from left) of Malawi with a symbolic “golden key” to the China-built parliament building of Malawi.

Le 20 mai, le Président de la Commission des Affaires étrangères de l’APN Li Zhaoxing (1er plan, 1er à droite) remet au Président malawien Bingu wa Mutharika (1er plan, 1er à gauche) une « clé d’or » symbolisant l’inauguration du nouveau siège du Parlement du Malawi, construit avec l’assistance chinoise.

12月29日，中国政府援助印度尼西亚杂交水稻技术合作项目启动仪式在印尼农业部举行。

On 29 December, the launching ceremony of the program of hybrid rice technological assistance from the Chinese government was held in the Ministry of Agriculture of Indonesia.

Le 29 décembre, la cérémonie de lancement du programme de coopération sino-indonésienne sur le riz hybride a lieu au Ministère indonésien de l’Agriculture.

3月21日，中国发展高层论坛2010年会开幕式在北京举行。

On 21 March, the Opening Ceremony of the China Development Forum 2010 was held in Beijing.

Le 21 mars, le Forum sur le Développement de Chine 2010 est inauguré à Beijing.

4月8日，商务部部长陈德铭（前右）与哥斯达黎加外贸部长马尔科·比尼西奥·鲁伊斯在北京代表两国政府签署了《中国－哥斯达黎加自由贸易协定》。这是我国与中美洲国家签署的第一个一揽子自贸协定。

On 8 April, Minister of Commerce Chen Deming (front right) and Minister of Foreign Trade of Costa Rica Marco Vinivio Ruiz signed the *China-Costa Rica Free Trade Agreement* on behalf of the governments of their countries in Beijing. The Agreement is China's first package free trade agreement signed with a Central American country.

Le 8 avril, le Ministre chinois du Commerce Chen Deming (1er plan, à droite) et le Ministre costa-ricien du Commerce extérieur Marco Vinicio Ruiz signent, à Beijing, au nom de leur gouvernement respectif, *l'Accord de libre-échange entre la Chine et le Costa Rica*, premier du genre conclu entre la Chine et l'Amérique centrale.

2010年全国地方外办主任会议代表合影 2010.12.27·长沙

12月27日，2010年全国地方外办主任会议在湖南省长沙市召开。（上图）

11月8日至9日，外交部组织召开2010年中央企业外事工作座谈会。（下图）

On 27 December, the Conference of Heads of Local Foreign Affairs Offices was held in Changsha, Hunan Province.(Upper picture)

From 8 to 9 November, the Ministry of Foreign Affairs held the 2010 Meeting on the Foreign-related Work in the Central State-Owned Enterprises.(Lower picture)

Le 27 décembre, la Réunion nationale des Directeurs des Bureaux régionaux des Affaires extérieures se tient à Changsha, province du Hunan.(Photo en haut)

Les 8 et 9 novembre, la Réunion sur les affaires extérieures des entreprises d'État se tient sous l'égide du Ministère chinois des Affaires étrangères.(Photo en bas)

9月10日，中缅油气管道中国境内段在云南省安宁市正式开工。

On 10 September, the construction of the China-section of the China-Myanmar oil and gas pipelines was officially launched in An'ning, Yunnan Province.

Le 10 septembre, le lancement à Anning dans la province du Yunnan, des travaux de construction de la section chinoise de l'oléoduc Chine-Myanmar.

5月12日，中国公司承建的坦桑尼亚—莫桑比克联合大桥建成通车。

On 12 May, the Unity Bridge across the Rovuma River between Tanzania and Mozambique, built by a Chinese company, was officially put into use.

Le 12 mai, le Pont de l'Unité sur le Rovuma, pont reliant la Tanzanie et le Mozambique et construit par une entreprise chinoise, est mis en service.

11月18日，中国公司承建的斯里兰卡汉班托塔港开港仪式在当地隆重举行。（上图）

6月25日，泰国曼谷轨道交通公司向中国长春轨道车辆公司采购48辆地铁车辆顺利抵达泰国廉差帮港口。（下图）

On 18 November, the grand inauguration ceremony of the Hambantota Port of Sri Lanka, built by a Chinese company, was held in Hambantota.(Upper picture)

On 25 June, 48 subway cars purchased by Thailand's Bangkok Mass Transit System Public Company Ltd. from China's Changchun Railway Vehicle Co., Ltd. were smoothly delivered to Thailand's Leam Chabang Port.(Lower picture)

Le 18 novembre, a lieu à Sri Lanka une grande cérémonie d'inauguration du Port Hambantota construit par une entreprise chinoise.(Photo en haut)

Le 25 juin, les 48 rames de métro que la Bangkok Mass Transit System Public Company a achetées à CNR Changchun arrivent au Port LeamChabang, en Thaïlande.(Photo en bas)

10月4日，国务委员戴秉国出席在天津召开的《联合国气候变化框架公约》有关工作组会议。这是中国首次承办联合国框架下的气候变化正式谈判会议。

On 4 October, State Councilor Dai Bingguo attended the meetings of the relevant working groups under the United Nations Framework Convention on Climate Change in Tianjin, China. This was the first time for China to host official negotiation meetings on climate change under the UN framework.

Le 4 octobre, le Conseiller d'État Dai Bingguo participe, à Tianjin, à la Réunion des groupes de travail issus de la *Convention-Cadre des Nations Unies sur les Changements climatiques*. C'est la première fois que la Chine accueille une réunion formelle de négociations des Nations Unies sur le changement climatique.

11月29日至12月11日，《联合国气候变化框架公约》第16次缔约方会议暨《京都议定书》第6次缔约方会议在墨西哥坎昆召开。

中国代表团出席坎昆会议。

From 29 November to 11 December, the United Nations Climate Change Conference Cancun-COP 16/CMP 6 was held in Cancun, Mexico.

The Chinese delegation attended the Cancun Conference.

Du 29 novembre au 11 décembre, la Conférence des Nations Unies sur le changement climatique (COP 16/CMP 6) a lieu à Cancun au Mexique.

La délégation chinoise à la Conférence de Cancun.

11月10日，国务院副总理、中国环境与发展国际合作委员会主席李克强（中）出席中国环境与发展国际合作委员会2010年年会开幕式并讲话。（上图）

On 10 November, Vice Premier Li Keqiang (middle) of the State Council, who also serves as the Chairman of the China Council for International Cooperation on Environment and Development (CCICED), attended and addressed the Opening Ceremony of CCICED 2010 Annual General Meeting.(Upper picture)

Le 10 novembre, M. Li Keqiang, Vice-Premier Ministre chinois et Président du Conseil chinois pour la Coopération internationale sur l'Environnement et le Développement (CCICED), participe à l'ouverture de la Réunion annuelle 2010 du CCICED et y prononce une allocution.(Photo en haut)

5月8日，“绿色经济与应对气候变化国际合作会议”主论坛在北京国家会议中心举行，中国前国务委员、中国国际经济交流中心顾问唐家璇（右三）主持论坛。（下图）

On 8 May, the International Cooperative Conference on Green Economy and Climate Change held its main forum at the China National Convention Center in Beijing. The picture shows Mr. Tang Jiaxuan (third from right), Adviser to the China Center for International Economic Exchanges chairing the forum.(Lower picture)

Le 8 mai, le Forum principal de la Conférence de Coopération internationale sur l'économie verte et le changement climatique a lieu au Centre national de Conférences de Chine à Beijing, sous la présidence du Conseiller au Centre des Échanges économiques internationaux de Chine Tang Jiaxuan (3e à droite).(Photo en bas)

11月24日，2010中国绿色产业和绿色经济高科技国际博览会（绿博会）在北京展览馆开幕。图为观众在参观节能减排绿色经济展台。（上图）

图为观众在观看EN－V电动联网概念车。此车可实现自动驾驶，零污染、零排放，时速达到40公里/时。（下图）

On 24 November, the China International Green Industry Expo 2010 (CIGIE 2010) was opened in the Beijing Exhibition Center. The picture shows visitors visiting the booth on energy conservation, emissions reduction and the green economy. (Upper picture)

This picture shows visitors looking at the EN-V (Electric Networked Vehicle) concept car. Pollution-free and emissions-free, the car is equipped with the auto drive system and can reach a speed of 40 km/h.(Lower picture)

Le 24 novembre, l'Exposition internationale de l'industrie et de l'économie vertes (Exposition verte) s'ouvre au Palais des Expositions de Beijing. Sur la photo, des visiteurs devant des stands sur l'économie d'énergie, la réduction d'émissions et l'économie verte.(Photo en haut)

Sur la photo, des visiteurs devant l'EN-V concept (Electric Networked-Vehicle), un prototype capable de rouler automatiquement, sans pollution et sans émissions, et avec une vitesse de 40 km/h.(Photo en bas)

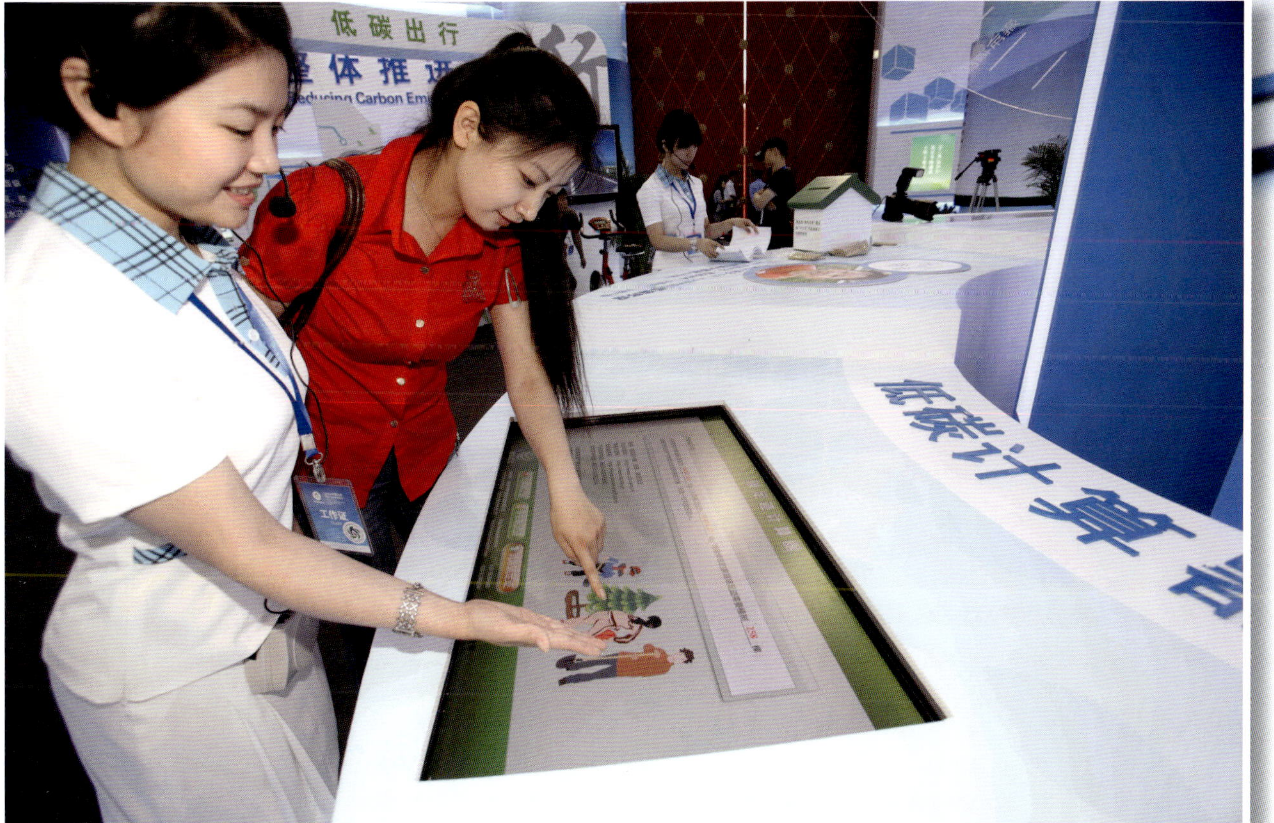

绿博会工作人员介绍太阳能小马灯。（上图）

6月12日，以“低碳技术、绿色经济”为主题的2010中国北京国际节能环保展览会开幕。图为工作人员向参观者介绍低碳计算器。（下图）

This picture shows a CIGIE working staff showing the visitors a solar-powered barn lantern.(Upper picture)

On 12 June, the 2010 China Beijing International Energy Saving and Environmental Protection Exhibition themed on low carbon technology and green economy was opened. The picture shows a working staff showing the visitors low carbon calculators.(Lower picture)

Démonstration d’une petite lanterne solaire à l’Exposition verte.(Photo en haut)

Le 12 juin, la Foire internationale de l’économie d’énergies et de la protection de l’environnement 2010 s’est ouverte à Beijing sous le thème « Technologies bas carbone pour l’économie verte ». Sur la photo, le personnel présente un calculateur d’empreintes carbone à une visiteuse.(Photo en bas)

10月10日，中国气候行动日"点绿中国"北京嘉年华活动举行。几百名中外学生携手各界环保爱心人士参加"清除垃圾竞赛"，以实际行动向市民宣传环保。

On 10 October, the Beijing Carnival—"Greening China" was held to mark China's Climate Action Day. Hundreds of Chinese and foreign students together with environmental activists from various sectors participated in the "removing-the-garbage race", to raise public awareness of environmental protection through their actions.

Le 10 octobre, la Journée chinoise d'action sur le climat est célébrée à Beijing sous le thème « Verdir la Chine ». Des centaines de jeunes chinois et étrangers, ensemble avec des défenseurs de l'environnement venant de tous les milieux de la société, participent à un concours de ramassage des déchets, de façon à sensibiliser le grand public à la protection environnementale.

第伍部分

以人为本 外交为民

『以人为本，外交为民』的理念已经贯穿中国外交工作的方方面面。新时期，中国政府坚持『情为民所系、利为民所谋』，始终把实现好、维护好、发展好最广大人民的根本利益作为领事工作的出发点和落脚点。

二零一零年，外交部进一步强化服务意识和责任意识，积极推进中国与外国的领事关系发展，不断提升领事工作服务水平，千方百计为海外中国公民和机构排忧解难，为实施『走出去』战略提供保障和服务。

外交部积极开展海外安全常识宣讲，切实加大预防性领事保护力度，中央、地方、企业和驻外使领馆四位一体的领事保护工作机制不断完善。

在危险和灾难面前，中国政府始终心系同胞。外交部积极协调国内有关部门和驻外使领馆，及时妥善处理了多起重大突发领事保护案件，协助中国海军在亚丁湾护航，切实维护了中国公民和企业在海外的安全和利益，赢得了国内外各界的高度赞誉。

Part 5

Diplomacy for the People

The principle of "Diplomacy for the People" has been implemented in all dimensions of China's diplomacy. In the new era, the Chinese government always keeps the people in mind and works for their interests. To realize, uphold and advance the fundamental interests of the people is the focus and aim of its consular work.

In 2010, the Foreign Ministry, with a stronger sense of service and responsibility, actively advanced China's consular relations with the rest of the world, raised the standard of consular services, addressed concerns and difficulties of Chinese nationals and institutions abroad, and made intensive and pioneering efforts to support and serve the "go global" strategy.

The Foreign Ministry mounted awareness campaigns on overseas security and effectively stepped up preventive consular protection. Further efforts were made to improve the consular protection mechanism involving the central and local governments, enterprises as well as diplomatic missions.

In cases of danger and disaster, the Chinese government always kept in mind the well-being of fellow compatriots. As an active coordinator between government departments at home and Chinese diplomatic missions abroad, the Foreign Ministry timely and appropriately handled a number of major consular emergencies, assisted the Chinese navy in its escort mission in the Gulf of Aden, and effectively protected the security and interests of Chinese nationals and enterprises abroad. These efforts won the Ministry extensive plaudits from home and around the world.

Partie 5

Diplomatie pour le peuple

Le concept dit « primauté de l'homme et diplomatie pour le peuple » se traduit dans tous les aspects de la diplomatie chinoise. Dans la nouvelle époque, le gouvernement chinois, fidèle au principe dit « prendre à cœur les préoccupations du peuple et travailler dans son intérêt », considère toujours la matérialisation, la préservation et l'extension des intérêts fondamentaux de la plus grande majorité de la population comme le point de départ et l'objectif final de son travail consulaire.

En 2010, le Ministère des Affaires étrangères (MAE), avec un plus grand sens du service public et des responsabilités, a œuvré activement au développement des relations consulaires entre la Chine et le reste du monde, amélioré sans cesse la qualité des services consulaires rendus et apporté son soutien aux citoyens et entreprises chinois à l'étranger en difficulté. Avec un esprit novateur et entreprenant, le MAE a cherché par tous les moyens à fournir des garanties et à apporter sa contribution à la mise en œuvre de la stratégie dite « sortir du pays ».

Le MAE a lancé de nombreuses campagnes de sensibilisation du public à la sécurité à l'étranger, renforcé effectivement la protection consulaire préventive et amélioré sans cesse son mécanisme de protection consulaire à quatre niveaux : gouvernement central, autorités locales, entreprises, et ambassades et consulats.

Face aux dangers et aux catastrophes, le gouvernement chinois reste toujours très préoccupé de ses citoyens. En coordonnant activement les efforts des départements concernés du pays et des ambassades et consulats chinois à l'étranger, le MAE a géré adéquatement et en temps opportun plusieurs cas urgents et majeurs de protection consulaire. En apportant son assistance à la Marine chinoise dans sa mission d'escorte dans le Golfe d'Aden, le MAE a contribué à la défense de la sécurité et des intérêts des citoyens et entreprises chinois à l'étranger. Tout cela lui a valu un concert d'éloges à l'intérieur comme à l'extérieur du pays.

5月7日，全国政协主席贾庆林（前右）在北京会见第五届世界华侨华人社团联谊大会代表。

On 7 May, CPPCC Chairman Jia Qinglin (front right) met with delegates to the 5th Get-together Congress of the World Overseas Chinese Mass Organizations in Beijing.

Le 7 mai, le Président du Comité national de la CCPPC Jia Qinglin (1er plan, à droite) reçoit à Beijing les délégués participant à la 5e Congrès des associations de Chinois d'outre-mer.

预防性领事保护

1月17日，外交部长杨洁篪（右）在东京与日本外相冈田克也互换《中华人民共和国和日本国领事协定》批准书。（上图）

On 17 January, Foreign Minister Yang Jiechi (right) and Japanese Foreign Minister Katsuya Okada exchanged the instruments of ratification of the *Agreement on Consular Relations Between the People's Republic of China and Japan* in Tokyo.(Upper picture)

Le 17 janvier, le Ministre chinois des Affaires étrangères Yang Jiechi (à droite) et son homologue japonais Katsuya Okada échangent à Tokyo les instruments de ratification de *l'Accord entre la République populaire de Chine et le Japon sur les relations consulaires*.(Photo en haut)

11月18日，《中华人民共和国政府和萨摩亚独立国政府关于互免持外交、公务（官员）护照人员签证的协定》在北京签署。（下图）

On 18 November, the *Agreement Between the Government of the People's Republic of China and the Government of the Independent State of Samoa on Mutual Visa Exemption for Holders of Diplomatic and Service/Official Passport* was signed in Beijing.(Lower picture)

Le 18 novembre est signé à Beijing *l'Accord entre le gouvernement de la République populaire de Chine et le gouvernement de l'État indépendant du Samoa sur l'exemption réciproque de visas pour les titulaires de passeports diplomatiques et officiel/de service*.(Photo en bas)

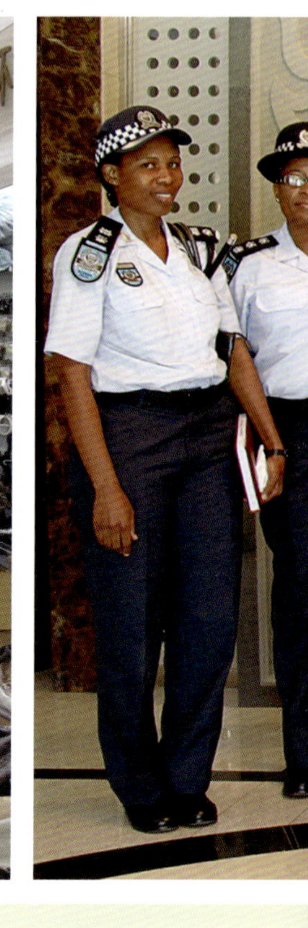

1 1月23日，旅埃中国公民在中国驻埃及大使馆踊跃领取领事保护手册。

2 9月13日至14日，中国驻休斯敦总领馆在波多黎各向侨胞分发领事保护宣传资料并接受咨询。

3 11月27日，外交部官员率工作组在意大利考察当地华侨华人生存发展状况。

1 On 23 January, Chinese citizens in Egypt collected consular protection booklets from the Chinese Embassy in Egypt.

2 From 13 to 14 September, staff of the Chinese Consulate-General in Houston handed out consular protection leaflets and provided counseling in Puerto Rico.

3 On 27 November, the working group led by a Foreign Ministry official was in Italy on a fact-finding mission on the livelihood and development of local Chinese communities.

1 Le 23 janvier, des citoyens chinois en Égypte prennent des brochures sur la protection consulaire à l'Ambassade de Chine en Égypte.

2 Les 13 et 14 septembre, le Consulat général de Chine à Houston distribue à Porto Rico des documents de sensibilisation à la protection consulaire et répond aux questions des visiteurs.

3 Le 27 novembre, un groupe de travail dirigé par des officiels du Ministère des Affaires étrangères s'informe des conditions de vie des Chinois en Italie.

4月7日，中国驻博茨瓦纳大使馆、旅博华侨华人代表与博警察总署官员就加强华侨华人聚集区治安问题举行协调会。

On 7 April, diplomats of the Chinese Embassy in Botswana, representatives of the local Chinese communities and officials of the Botswana Police Service had a coordination meeting on strengthening law and order in Chinese communities.

Le 7 avril, l'Ambassade de Chine et les représentants de la communauté chinoise au Botswana tiennent une réunion de coordination avec des officiels de la Direction générale de la police du Botswana sur le renforcement de la sécurité dans les quartiers chinois.

12月7日，中国驻迪拜总领馆外交官与迪拜警察局高级官员加强协调，为当地华侨华人提供有效领事保护。

On 7 December, diplomats of the Chinese Consulate General in Dubai met with senior officials of the Dubai Police to strengthen coordination and provide effective consular protection to the local Chinese communities.

Le 7 décembre, des diplomates du Consulat général de Chine à Dubaï et des hauts responsables de la Police de Dubaï renforcent leur coordination en vue d'une protection consulaire efficace pour la communauté chinoise.

11月26日，中国驻埃塞俄比亚大使馆召开中资机构、中资企业座谈会，就加强企业安全和劳务管理进行研讨。

On 26 November, the Chinese Embassy in Ethiopia held a meeting with Chinese institutions and enterprises on stepping up security of enterprises and labor management.

Le 26 novembre, l'Ambassade de Chine en Éthiopie organise une réunion avec les entreprises et établissements chinois pour discuter du renforcement de la sécurité des entreprises et de la gestion de la main-d'œuvre.

11月3日，中国驻俄罗斯大使馆与俄律师事务所签订合同，根据使馆领保工作需要，获得相关法律咨询服务。

On 3 November, the Chinese Embassy in Russia signed a contract with a Russian law firm. According to the contract, relevant legal counseling would be provided to meet the need of consular protection.

Le 3 novembre, pour des besoins de protection consulaire, l'Ambassade de Chine en Russie signe avec un cabinet d'avocat russe un contrat de consultations juridiques.

11月26日，中国因公电子护照开机印制仪式在上海举行。（上图）

9月13日，外交部启用新的领事认证大厅。（下图）

On 26 November, a ceremony to launch the printing of electronic passports for public affairs took place in Shanghai.(Upper picture)

On 13 September, a new hall for consular legalization at the Ministry of Foreign Affairs was put into use.(Lower picture)

Le 26 novembre, la cérémonie de lancement de l'impression des passeports électroniques pour des affaires publiques est tenue à Shanghai. (Photo en haut)

Le 13 septembre, la nouvelle Salle de légalisation consulaire du Ministère des Affaires étrangères est mise en service. (Photo en bas)

1 10月14日，广州亚（残）运会涉外案事件联动机制启动会议在广州召开。

2 12月9日至10日，中央企业邀请外国人来华工作会议在海南召开。

3 3月23日，上海世博会外事工作专题培训班在杭州举办。

1 On 14 October, the Conference on Launching the Linkage Mechanism of Foreign-related Cases During the Guangzhou Asian Games took place in Guangzhou.

2 From 9 to 10 December, the Conference on Inviting Foreigners by Central Enterprises was held in Hainan.

3 On 23 March, the Workshop on Foreign Affairs During Expo 2010 Shanghai was held in Hangzhou.

1 Le 14 octobre, la réunion de lancement du mécanisme de coordination des affaires liées aux étrangers pendant les Jeux asiatiques/parasiatiques de Guangzhou se tient à Guangzhou.

2 Les 9 et 10 septembre, la Conférence sur l'invitation d'étrangers par les entreprises publiques relevant des autorités centrales se tient à Hainan.

3 Le 23 mars, le séminaire sur les affaires extérieures pendant l'Expo 2010 Shanghai Chine s'ouvre à Hangzhou.

提高领事服务水平

5月2日，中国驻美国大使馆在北卡罗来纳州为侨胞现场办理领事证件。（上图）

7月18日至24日，中国驻法国大使馆外交官远赴法海外省看望侨胞，并为侨胞提供便捷领事服务。（中图）

10月30日，中国驻法兰克福总领馆周末走进侨民聚居区，为当地及周边的中国留学生和侨胞提供便捷的领事服务。（下图）

On 2 May, the Chinese Embassy in the United States provided on-the-spot consular document services for Chinese nationals in North Carolina.(Upper picture)

From 18 to 24 July, diplomats of the Chinese Embassy in France visited local Chinese communities in French overseas provinces and provided them with convenient consular services.(Middle picture)

On 30 October, staff of the Chinese Consulate-General in Frankfurt made a weekend visit to local Chinese communities and provided convenient consular services to Chinese students and other Chinese nationals living there or nearby. (Lower picture)

Le 2 mai, l'Ambassade de Chine aux États-Unis délivre des papiers aux ressortissants chinois en Caroline du Nord.(Photo en haut)

Du 18 au 24 juillet, des diplomates de l'Ambassade de Chine en France se déplacent aux départements d'outre-mer français pour rendre visite aux ressortissants chinois sur place et leur fournir des services consulaires. (Photo au milieu)

Le 30 octobre, des diplomates du Consulat général de Chine à Francfort profitent du week-end pour se rendre dans un quartier chinois, fournissant des services consulaires aux étudiants et ressortissants chinois vivant dans la région ou dans les environs.(Photo en bas)

1月14日，在海地首都太子港，一名中国国际救援队员（右）与一名巴西驻海地维和工程兵一道开展救援。（上图）

海地地震后，中国驻海地贸易发展办事处和外交部救援工作组全力为受地震影响的中国公民提供援助，安全接回48名侨民。（下图）

On 14 January, a CISAR member (right) and an engineering personnel of the Brazilian peacekeeping contingent in Haiti worked together in a rescue effort in Port-au-Prince.(Upper picture)

After the earthquake, the Chinese Bureau of Trade Development in Haiti and the Foreign Ministry rescue working group made all-out efforts to help the affected Chinese nationals and flew 48 of them back to China.(Lower picture)

Le 14 janvier, un secouriste chinois (à droite) et un soldat du génie brésilien de maintien de la paix à Haïti en opération de secours à Port-au-Prince, capitale haïtienne.(Photo en haut)

Après le séisme à Haïti, le Bureau de développement commercial de Chine à Haïti et le groupe de travail du Ministère des Affaires étrangères s'efforcent de fournir des assistances aux citoyens chinois sinistrés et rapatrient sains et saufs 48 ressortissants chinois.(Photo en bas)

6月22日，新加坡新月建筑公司13名中国劳务人员在交通事故中受伤，中国驻新加坡大使馆外交官前往探望并赠送慰问品。（上图）

On 22 June, diplomats of the Chinese Embassy in Singapore visited 13 Chinese workers of CREC Construction, a Singaporean firm, who were injured in a traffic accident, brought them presents and wished them a speedy recovery. (Upper picture)

Des diplomates de l'Ambassade de Chine à Singapour rendent visite aux 13 employés chinois de la société Crec Construction de Singapour blessés lors d'un accident de voiture le 22 juin.(Photo en haut)

7月31日，中国驻巴基斯坦大使馆外交官远赴巴开伯尔-普什图省曼塞赫拉地区，看望因洪水围困而刚刚转移至此的部分中方工程人员。（下图）

On 31 July, diplomats of the Chinese Embassy in Pakistan were in Mansehra, Khyber Pakhtunkhwa to visit some of the Chinese engineers and workers evacuated from a flooded area.(Lower picture)

Le 31 juillet, des diplomates de l'Ambassade de Chine au Pakistan se rendent à Mansehra, dans la province de Khyber Pakhtunkhwa, pour voir les ouvriers chinois qui viennent d'y être transférés après avoir été bloqués par l'inondation.(Photo en bas)

5月17日，中国驻泰国大使馆外交官穿越曼谷集会冲突中心区域，营救出被围困的13名汉语教师志愿者并予以妥善安置。（上图）

On 17 May, diplomats of the Chinese Embassy in Thailand braved scenes of protests and clashes in Bangkok to bring to safety 13 stranded volunteers for Chinese language teaching and helped them resettle.(Upper picture)

Le 17 mai, après avoir traversé la zone centrale des rassemblements et des conflits, des diplomates de l'Ambassade de Chine en Thaïlande rejoignent 13 enseignants chinois bénévoles bloqués, puis les réinstallent dans des lieux sûrs.(Photo en haut)

6月12日，吉尔吉斯斯坦南部奥什地区发生严重骚乱。中国政府派出9架撤侨包机，安全撤回侨民1299人。图为外交部工作组安置侨民、组织撤侨现场。（下图）

On 12 June, a serious riot broke out in Osh in the south of the Kyrgyz Republic. The Chinese government sent nine chartered planes to bring back 1,299 Chinese nationals. The picture shows the Foreign Ministry working group resettling Chinese nationals and organizing evacuation.(Lower picture)

Le 12 juin, de violentes émeutes éclatent à Osh, dans le Sud du Kirghizistan. Le gouvernement chinois affrète neuf avions pour rapatrier sains et saufs 1 299 ressortissants chinois. La photo montre le groupe de travail du Ministère des Affaires étrangères organisant l'accueil et le rapatriement des ressortissants chinois.(Photo en bas)

6月15日，一位乘坐包机抵达乌鲁木齐的撤侨走出机场廊桥时高喊："感谢政府、感谢党。"（上图）

6月17日凌晨，中国政府派往吉尔吉斯斯坦的最后一架撤侨包机安全返抵乌鲁木齐国际机场。（下图）

On 15 June, a Chinese citizen evacuated by chartered plane shouted "Thanks you, government! Thank you, the Party!" when walking out of the jet bridge.(Upper picture)

In the early morning of 17 June, the last chartered plane sent by the Chinese government to bring back Chinese nationals from the Kyrgyz Republic arrived at Urumqi International Airport.(Lower picture)

Le 15 juin, à l'Aéroport d'Urumuqi, en sortant de la passerelle de débarquement, un Chinois rapatrié par avion charter s'écrie : « Merci au gouvernement. Merci au PCC. » (Photo en haut)

Au petit matin du 17 juin, le dernier avion envoyé par le gouvernement chinois au Kirghizistan pour le rapatriement des ressortissants chinois est de retour à l'Aéroport international d'Urumuqi. (Photo en bas)

9月25日，被日方非法抓扣的中国渔船船长詹其雄乘中国政府包机安全返抵福州。

On 25 September, Zhan Qixiong, the captain of a Chinese fishing boat illegally detained by Japan, arrived in Fuzhou by a chartered plane of the Chinese government.

Le 25 septembre, Zhan Qixiong, capitaine du chalutier chinois arrêté et détenu illégalement par le Japon est rapatrié sain et sauf à Fuzhou par un avion affrété par le gouvernement chinois.

8月24日，中国驻菲律宾大使馆、外交部工作组以及香港特区政府工作组，就香港人质事件善后事宜与菲律宾总统阿基诺三世（右三）举行会谈。

On 24 August, the Chinese Embassy in the Philippines, the Foreign Ministry working group and the Hong Kong SAR government working group held talks with Philippine President Aquino III (third from right) in the aftermath of the Hong Kong tourist kidnapping incident.

Le 24 août, l'Ambassade de Chine aux Philippines, le groupe de travail du Ministère des Affaires étrangères et celui du gouvernement de la Région administrative spéciale de Hong Kong s'entretiennent avec le Président philippin Benigno Aquino III (3e à droite) sur les questions liées à l'affaire des otages hongkongais.

突发事件处置

4月18日凌晨，中国驻法兰克福总领馆派员紧急赶赴法兰克福机场，为因冰岛火山灰滞留机场的中国公民办理相关证件，并协助通关。（右图）

10月17日，广东交通实业投资公司员工在美国亚利桑那州发生严重交通事故，中国驻旧金山总领馆协助妥善处理善后事宜。图为该公司向总领馆赠送匾额。（左图）

In the early morning of 18 April, the Chinese Consulate-General in Frankfurt sent officials to Frankfurt Airport on an emergency mission to issue relevant documents to the Chinese nationals stranded at the airport due to volcanic ash from Iceland and helped them clear customs.(Right picture)

On 17 October, employees of the Guangdong Communication Enterprise Investment Company had a serious traffic accident in Arizona. The Chinese Consulate-General in San Francisco helped them in dealing with the aftermath. The picture shows the company presenting a thank-you plaque to the Consulate-General.(Left picture)

Au petit matin du 18 avril, des agents du Consulat général de Chine à Francfort se rendent d'urgence à l'Aéroport de Francfort pour délivrer des papiers nécessaires aux citoyens chinois bloqués sur place à cause des cendres volcaniques d'Islande et les aider à remplir les formalités concernées. (Photo à droite)

Le 17 octobre, des employés de la Guangdong Communication Enterprise Investment Company (GCGC Investment) ont eu un grave accident de voiture en Arizona, aux États-Unis. Le Consulat général de Chine à San Francisco a fourni des assistances à la société dans la gestion de cette affaire. La photo montre des représentants de la GCGC Investment offrant au Consulat général une tablette portant des mots de remerciement. (Photo à gauche)

12月18日，中国海军第七批护航编队特战队员在香港货轮“好顺”号上警戒。

On 18 December, a special force member of the seventh Chinese naval escort fleet stood guard on “WELSUCCESS”, a cargo ship from Hong Kong.

Le 18 décembre, un soldat des forces spéciales de la 7ᵉ flotte d’escorte de la Marine chinoise monte la garde à bord du cargo hongkongais « Welsuccess ».

截至2010年底，中国海军两年来远赴亚丁湾、索马里海域护航，共派出7批编队、18艘次军舰、近6000名官兵，成功完成了280批、3139艘次中外船舶航行保护工作，护航成功率100%。

6月16日，中国海军“广州”舰护送中外商船航行在亚丁湾、索马里海域。

In the two years to the end of 2010, the Chinese navy sent seven escort fleets, including 18 naval vessels and nearly 6,000 personnel, to the Gulf of Aden and the waters off Somalia. They provided protection to 3,139 Chinese and foreign vessels in 280 escort missions, all of which were successful.

The picture shows the “Guangzhou” warship of the Chinese navy escorting Chinese and foreign merchant ships in the Gulf of Aden and the waters off Somalia on 16 June.

Jusqu’à la fin de 2010, la Marine chinoise a envoyé, en deux ans, au total 7 flottes, 18 navires de guerre et près de 6 000 officiers et soldats dans le Golfe d’Aden et au large de la Somalie, accomplissant 280 opérations d’escorte pour 3 139 navires chinois et étrangers, avec un taux de réussite de 100%.

Le 16 juin, le navire de guerre « Guangzhou » de la Marine chinoise escorte des cargos chinois et étrangers dans le Golfe d’Aden et au large de la Somalie.

海军护航

8月31日，中国海军东海舰队866医院船启航赴亚丁湾海域以及吉布提、肯尼亚、坦桑尼亚、塞舌尔和孟加拉国执行“和谐使命-2010”任务。外交部官员出席在浙江舟山举行的欢送仪式。

On 31 August, the Hospital Ship 866 of the East China Sea Fleet of the Chinese navy left for the Gulf of Aden, Djibouti, Kenya, Tanzania, Seychelles and Bangladesh for the “Peace Mission 2010”. Foreign Ministry officials were present at the departure ceremony in Zhoushan, Zhejiang Province.

Le 31 août, le navire-hôpital 866 de la Flotte de la mer de Chine orientale de la Maritime chinoise démarre pour le Golfe d’Aden, Djibouti, le Kenya, la Tanzanie, les Seychelles et le Bangladesh pour la mission dite « Mission de l’harmonie 2010 ». Des représentants du Ministère des Affaires étrangères participent à la cérémonie de départ à Zhoushan, au Zhejiang.

11月13日，中国海军第七批护航编队特战队员进行直升机滑降训练。

On 13 November, special force members of the seventh escort fleet of the Chinese navy took part in helicopter rappelling training.

Le 13 novembre, des soldats des forces spéciales de la 7e flotte d'escorte de la Marine chinoise s'entraînent à la descente en corde lisse depuis l'hélicoptère.

6月5日，中国海军第五批护航编队舰载直升机在亚丁湾中部海域巡逻。

On 5 June, a shipborne helicopter of the fifth escort fleet of the Chinese navy was on patrol in the central Gulf of Aden.

Le 5 juin, un hélicoptère embarqué de la 5e flotte d'escorte de la Marine chinoise patrouille au milieu du Golfe d'Aden.

第陆部分

交流互鉴 增进理解

『国之交在于民相亲』。新时期，随着中国与世界的联系更加紧密，互动更加频繁，公共人文外交已成为中国全方位外交的重要组成部分和中国外交工作的重要拓展方向。

二零一零年，公共人文外交主体多元，内涵丰富，形式多样。中国领导人身体力行，在对外交往中频频与各国普通民众进行面对面交流。中国与世界各国积极开展科教、文化、体育、军事等领域的交流，加强与有关国家非政府组织、学术界、媒体等各界人士的沟通，弘扬中华民族文化，宣示中国发展理念。

这一年，外交部通过创办『蓝厅论坛』，成立『外交部公共外交咨询委员会』，举行公众开放日、在线访谈等活动，全面、客观介绍中国外交的实践和成果，增进国内公众对外交工作的理解和支持。中国各驻外使领馆积极开展对外友好活动，增进与驻在国民众的感情和友谊。

公共人文外交为新时期的中国外交注入了全新活力，中国自信、开放、合作的国家形象更加深入人心。

Part 6

Interactions for Greater Mutual Understanding

"Amity between people holds the key to sound relations between states." In a new era when China enjoys increasingly closer ties and more frequent interactions with the rest of the world, public diplomacy and cultural and people-to-people diplomacy have been integral to China's all-dimensional diplomacy as important areas of China's diplomatic endeavor.

In 2010, China's public diplomacy and cultural and people-to-people diplomacy involved people from various sectors, with activities rich in content and diverse in forms. Chinese leaders, in their own diplomatic activities, made frequent face-to-face interactions with the people of other countries. China actively conducted foreign exchanges in science, education, culture, sports, military affairs and other fields, and strengthened engagement with NGOs, academia, and media organizations internationally. These efforts have helped promote Chinese culture and made our thinking on development better known in the world.

During the year, the Ministry of Foreign Affairs launched the "Lanting Forum", set up the Public Diplomacy Advisory Panel, and organized open days and online interviews as part of its effort to present a complete and objective picture of China's diplomatic endeavor and achievements, with a view to enhancing public understanding and support for diplomatic work at home. China's diplomatic and consular missions overseas advanced their friendship with people of host countries through robust public diplomacy programs.

Public diplomacy and cultural and people-to-people diplomacy have injected new dynamism into China's diplomacy in the new era. China's image as a confident, open and cooperative country has won increasing recognition.

Partie 6

Interactions pour une meilleure compréhension mutuelle

« Le rapprochement des peuples est le fondement des relations entre Etats. » Avec l'intensification des liens et la multiplication des interactions entre la Chine et le reste du monde, la diplomatie publique et culturelle constituent d'ores et déjà une composante importante et une nouvelle priorité de la diplomatie tous azimuts de la Chine dans la nouvelle époque.

En 2010, la diplomatie publique et culturelle a été menée avec des acteurs et des formes sans cesse diversifiés et des contenus toujours plus riches. Les dirigeants chinois ont eu fréquemment des échanges directs avec les populations de divers pays du monde. Très active dans ses échanges technico-scientifiques, culturels, sportifs et militaires avec les autres pays du monde, la Chine a renforcé sa coordination avec les organisations non gouvernementales, les milieux académiques et les médias d'autres pays, de sorte à faire rayonner la culture de la nation chinoise et à faire connaître le concept du développement de la Chine.

Au cours de l'année passée, le Ministère des Affaires étrangères a, grâce à la création du « Forum Lanting », à la mise en place du Comité consultatif de la diplomatie publique, ainsi qu'à l'organisation des activités comme les Journées Portes ouvertes et les échanges avec les internautes, présenté de manière globale et objective les actions et les acquis de la diplomatie chinoise et gagné ainsi la compréhension et le soutien du public chinois à l'égard des actions extérieures de la Chine. Les missions diplomatiques et consulaires chinoises à l'étranger ont organisé des activités d'échanges qui ont permis d'approfondir l'amitié avec les populations locales.

La diplomatie publique et culturelle a insufflé une nouvelle vitalité à la diplomatie chinoise dans la nouvelle époque. L'image d'une Chine plus confiante, plue ouverte et toujours prête à coopérer s'est donc enracinée dans l'esprit des peuples.

10月12日，国家主席胡锦涛在北京天坛出席第16届亚洲运动会火炬点燃暨火炬传递活动启动仪式，并点燃主火炬。

On 12 October, President Hu Jintao attended the Torch-Lighting and Torch-Relay Commencement Ceremony of the 16th Asian Games and lit the main torch in the Temple of Heaven Park in Beijing.

Le 12 octobre, le Président Hu Jintao allume la torche à la cérémonie d'allumage et de lancement du relais de la flamme des 16èmes Jeux Asiatiques au Temple du Ciel à Beijing.

to the success of the Games.

11月12日，国务院总理温家宝（右二）在广州出席第16届亚洲运动会开幕式并宣布亚运会开幕。亚奥理事会主席艾哈迈德·法赫德亲王（左一）、国际奥委会主席雅克·罗格（右一）及部分其他国家的领导人出席开幕式。

On 12 November, Premier Wen Jiabao (second from right) attended the opening ceremony of the 16th Asian Games and announced the opening of the Games in Guangzhou. President of the Asian Olympic Council Ahmad Fahd (first from left), International Olympic Committee President Jacques Rogge (first from right) and leaders from other countries attended the ceremony.

Le 12 novembre, le Premier Ministre du Conseil des Affaires d'État Wen Jiabao participe à la cérémonie d'ouverture des 16èmes Jeux Asiatiques à Guangzhou et déclare les Jeux ouverts. Le Président du Conseil olympique d'Asie Cheikh Ahmad Al-Fahad Al-Sabah, le Président du Comité international olympique Jacques Rogge, ainsi que des dirigeants d'autres pays sont aussi présents à la cérémonie d'ouverture.

11月12日，第16届亚运会圣火在广州点燃。

On 12 November, the main cauldron of the 16th Asian Games was lit in Guangzhou.

Le 12 novembre, la tour principale des 16èmes Jeux Asiatiques est allumée à Haixinsha à Guangzhou.

11月12日，在广州举行的第16届亚运会开幕式上演“绿色一分钟”。

On 12 November, the “Green One Minute” program was performed during the opening ceremony of the 16th Asian Games in Guangzhou.

« Une minute verte » lors de la cérémonie d’ouverture des 16èmes Jeux Asiatiques à Guangzhou le 12 novembre.

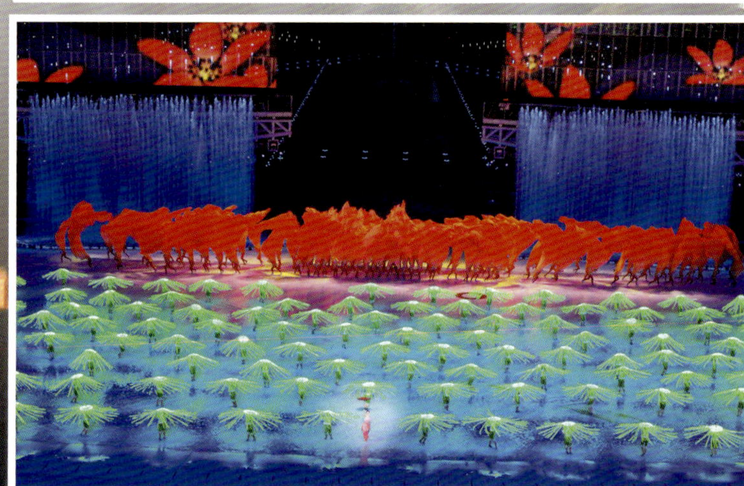

交流互鉴　增进理解

Interactions for Greater Mutual Understanding

Interactions pour une meilleure compréhension mutuelle

11月12日，中国代表队在广州亚运会上出场。

On 12 November, the Chinese delegation entered the stadium during the opening ceremony of the Guangzhou Asian Games.

Entrée de la délègation chinoise dans le stade lors de la cérémonie d'ouverture des Jeux Asiatiques de Guangzhou le 12 novembre.

12月12日，国务院副总理李克强出席广州2010年亚洲残疾人运动会开幕式并宣布亚残运会开幕。

On 12 December, Vice Premier Li Keqiang of the State Council attended the opening ceremony of Guangzhou 2010 Asian Para Games and announced its opening.

Le 12 décembre, le Vice-Premier Ministre Li Keqiang participe à Guangzhou à la cérémonie d'ouverture des Jeux Parasiatiques 2010 et déclare ouverts les Jeux.

1月13日，全国人大常委会委员长吴邦国（右）在北京人民大会堂会见来华出席中美议会定期交流机制会议的美国参议院代表团。

On 13 January, NPC Chairman Wu Bangguo (right) met with a delegation of the US Senate that visited China for the Sino-US Interparliamentary Exchange Mechanism Meeting in the Great Hall of the People in Beijing.

Le 13 janvier, le Président du Comité permanent de l'APN Wu Bangguo (à droite) reçoit, au Grand Palais du Peuple, à Beijing, la délégation du Sénat américain participant à la réunion du mécanisme d'échanges interparlementaires réguliers sino-américains.

5月12日，全国政协主席贾庆林（右六）在北京会见出席亚洲宗教和平会议2010年度执行委员会会议的与会代表。

On 12 May, CPPCC Chairman Jia Qinglin (sixth from right) met with the leaders of the Asian Conference on Religions and Peace (ACRP), who had come to attend the ACRP 2010 executive meeting in Beijing.

Le 12 mai, le Président du Comité national de la CCPPC Jia Qinglin (6e à droite) reçoit à Beijing le Président du Comité exécutif de la Conférence asiatique sur les religions et la paix et d'autres personnalités participant à la réunion annuelle 2010 du Comité exécutif de la Conférence.

1月11日，中共中央政治局委员王乐泉（右）会见全国政协常委、香港人士郭炳湘。（上图）

4月6日，国务委员戴秉国（左三）和印度外长克里希纳（左四）共同出席中国全国友协和印度驻华使馆在北京举办的中印建交60周年招待会。（下图）

On 11 January, Wang Lequan (right), Member of the Political Bureau of the CPC Central Committee, met with Guo Bingxiang, member of the Standing Committee of the CPPCC from Hong Kong.(Upper picture)

On 6 April, State Councilor Dai Bingguo (third from left) and Indian External Affairs Minister S. M. Krishna (fourth from left) attended a reception marking the 60th anniversary of China-India diplomatic relations jointly organized by the Chinese People's Association for Friendship with Foreign Countries and the Embassy of India in China.(Lower picture)

Le 11 janvier, M. Wang Lequan (à droite), membre du Bureau politique du CC du PCC, reçoit le Hongkongais Guo Bingxiang, membre du Conseil permanent du Comité national de la CCPPC. (Photo en haut)

Le 6 avril, le Conseiller d'État Dai Bingguo (3e à gauche) et le Ministre indien des Affaires étrangères S. M. Krishna (4e à gauche) assistent ensemble à Beijing à la réception organisée par l'Association du Peuple chinois pour l'amitié avec l'étranger et l'Ambassade de l'Inde en Chine à l'occasion du 60e anniversaire de l'établissement des relations diplomatiques entre la Chine et l'Inde. (Photo en bas)

1
2 3

1 10月12日，国务委员戴秉国（左三）、外交部长杨洁篪（右三）及拉美和加勒比国家驻华使节在北京出席庆祝中华人民共和国与拉丁美洲和加勒比国家开启外交关系50周年招待会。

2 12月3日，中共中央对外联络部部长王家瑞（右二）在第二届中美政党高层对话期间，与美国民主党代表马德·奥尔布赖特（左二）交谈。

3 10月25日，中国—阿拉伯友好协会会长铁木尔·达瓦买提（前右）与利比亚—中国友好协会会长卡伊巴在第三届中阿友好大会上签署大会成果文件。

1 On 12 October, State Councilor Dai Bingguo (third from left), Foreign Minister Yang Jiechi (third from right) and around 200 Latin American and Caribbean diplomatic envoys in China attended the reception for the 50th anniversary of diplomatic relations between China and Latin American and Caribbean countries.

2 On 3 December, Wang Jiarui (second from right), head of the International Department of CPC Central Committee, had a chat with Madeleine Korbel Albright (second from left) who represented US Democratic Party on the sidelines of the 2nd High-Level Dialogue of Political Parties between China and the US.

3 On 25 October, Tomur Davamat (front right), Chairman of China-Arab Friendship Association and Muftah Kaiba, Chairman of the Libyan-Chinese Friendship Association, signed the outcome document during the 3rd China-Arab Friendship Conference.

1 Le 12 octobre, le Conseiller d'État Dai Bingguo (3e à gauche), le Ministre des Affaires étrangères Yang Jiechi (3e à droite) et les chefs de mission diplomatique des pays d'Amérique latine et des Caraïbes en Chine et quelque 200 personnalités assistent à Beijing à la réception organisée à l'occasion du 50e anniversaire de l'inauguration des relations diplomatiques entre la République populaire de Chine et les pays d'Amérique latine et des Caraïbes.

2 Le 3 décembre, le Chef du Département international du CC du PCC Wang Jiarui (2e à droite) discute avec la démocrate Madeleine Korbel Albright (2e à gauche) en marge de la 2e session du Dialogue de haut niveau entre les partis politiques chinois et américains.

3 Le 25 octobre, le Président de l'Association de l'amitié sino-arabe Tomur Dawamat (1er plan, à droite) et le Président de l'Association de l'amitié Libye-Chine Kaiba signent le document final de la 3e Conférence sur l'amitié sino-arabe.

5月8日，国家主席胡锦涛（前左）在莫斯科出席俄罗斯纪念卫国战争胜利65周年活动期间，会见曾参加中国人民抗日战争东北战场战斗的俄罗斯老战士代表。

On 8 May, President Hu Jintao (front left) attended the celebrations marking the 65th anniversary of the victory of the Great Patriotic War in Moscow and met with representatives of Russian veterans who fought in the battlefield in northeastern China in the War of the Chinese People's Resistance Against Japanese Aggression.

Le 8 mai, le Président Hu Jintao (1er plan, à gauche) rencontre à Moscou, en marge des célébrations du 65e anniversaire de la victoire de la Russie dans la Grande Guerre patriotique, les représentants des anciens combattants russes ayant participé aux combats dans le Nord-Est de la Chine lors de la Guerre de résistance du peuple chinois contre l'agression japonaise.

6月26日，国家主席胡锦涛（前左）在加拿大多伦多参观庞巴迪飞机制造厂。

On 26 June, President Hu Jintao (front left) visited Bombardier Aerospace's manufacturing facility in Toronto, Canada.

Le 26 juin, le Président Hu Jintao (1er plan, à gauche) visite l'usine de fabrication de Bombardier Aéronautique à Toronto, au Canada.

11月6日，国家主席胡锦涛（前左）在里斯本检阅葡萄牙骑兵仪仗队后，关切地上前询问一名被惊马摔落在地的士兵的伤情，受伤士兵感动得连声道谢。

On 6 November, President Hu Jintao (front left) reviewed the Guard of Honor in Lisbon, Portugal. After the review, he enquired after the situation of a cavalry member who fell off a shocked horse. The cavalry man was deeply moved and thanked President Hu for his kindness.

Le 6 novembre, le Président Hu Jintao (1er plan, à gauche), après avoir passé en revue le régiment de cavalerie à Lisbonne, salue le garde tombé de son cheval effrayé, qui, très touché, remercie le Président pour ce geste.

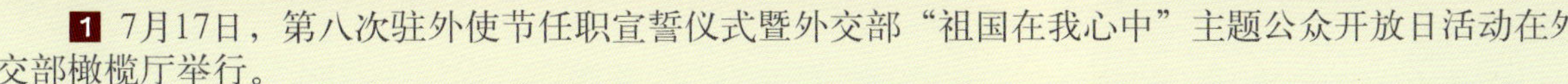

1 7月17日，第八次驻外使节任职宣誓仪式暨外交部“祖国在我心中”主题公众开放日活动在外交部橄榄厅举行。

2 10月12日，外交部副部长张志军与外国记者代表在“外交部外国记者新闻中心成立十周年庆祝仪式”上共同点亮水晶球。

3 9月20日，外交部官员应邀出席俄罗斯驻华大使馆举行的俄总统梅德韦杰夫访华记者招待会。

1 On 17 July, the eighth oath-taking ceremony of the diplomatic envoys and the Open Day of the Ministry of Foreign Affairs with the theme of “Motherland in My Heart” was held in the Olive Hall of the Ministry.

2 On 12 October, Vice Foreign Minister Zhang Zhijun and representatives of international journalists based in China activated a crystal ball in a ceremony celebrating the 10th anniversary of the International Press Center of the Ministry.

3 On 20 September, an official of the Ministry of Foreign Affairs attended a press conference for the upcoming visit of Russian President Dmitry Medvedev to China hosted by the Russian Embassy in China.

1 Le 17 juillet, la 8e cérémonie de prestation de serments des nouveaux ambassadeurs et la Journée portes ouvertes ayant pour le thème « La Patrie dans mon cœur » se tiennent dans la Salle Olive du MAE.

2 Le 12 octobre, le Vice-Ministre des Affaires étrangères Zhang Zhijun et des représentants des journalistes étrangers en Chine allument ensemble la boule de cristal à la cérémonie célébrant le 10e anniversaire de la création du Centre de presse internationale du MAE.

3 Le 20 septembre, un officiel du MAE assiste, sur invitation, à la conférence de presse organisée par l’Ambassade de Russie sur la visite du Président russe Dmitry Medvedev en Chine.

3月10日，外交部外交政策咨询委员会委员就“世界如何看中国”话题与公众在线交流。（上图）

11月11日，中国外交部、财政部、商务部及中国人民银行官员，就胡锦涛主席在韩国首尔出席二十国集团领导人第五次峰会期间双边会见及我与会政策立场等向中外媒体吹风。（下图）

On 10 March, members of the Foreign Policy Consultative Committee of the Ministry of Foreign Affairs had online interaction with the public on the topic "How does the world see China".(Upper picture)

On 11 November, officials from China's Foreign Ministry, the Ministry of Finance, the Ministry of Commerce and the People's Bank of China briefed Chinese and international journalists on bilateral meetings to be held between President Hu Jintao and leaders of other G20 countries on the sidelines of the 5th G20 Summit in Seoul and China's position related to the summit.(Lower picture)

Le 10 mars, des membres du Comité consultatif de la politique étrangère du MAE échangent en ligne leurs vues avec le public autour du thème « Comment le monde voit la Chine ». (Photo en haut)

Le 11 novembre, des officiels du MAE, du Ministère des Finances, du Ministère du Commerce et de la Banque populaire de Chine présentent à la presse chinoise et étrangères des informations sur les rencontres bilatérales du Président Hu Jintao en marge du 5ᵉ Sommet du G20 à Séoul, en République de Corée, et la position chinoise. (Photo en bas)

公众交流

1 2
3

1 1月30日，中国驻法国大使馆邀请200多名来自全法各地从事汉语教学和推广的法中两国人士代表到使馆喜迎虎年。

2 2月1日，中国驻德国大使馆外交官在使馆会见德国主流媒体负责人。

3 4月10日，中国外交部驻香港特派员公署举行“喜迎世博，感知外交”主题开放日。

1 On 30 January, the Chinese Embassy in France invited more than 200 French and Chinese people engaged in Chinese language teaching and promotion in France to celebrate the Year of the Tiger in the Embassy.

2 On 1 February, diplomats from the Chinese Embassy in Germany met with the heads of major German media organizations in the Embassy.

3 On 10 April, the Office of the Commissioner of the Ministry of Foreign Affairs in the Hong Kong SAR hosted an Open Day under the theme of “Embracing the Expo, Embracing Diplomacy”.

1 Le 30 janvier, sur l’invitation de l’Ambassade de Chine en France, quelque 200 personnalités chinoises et françaises travaillant pour l’enseignement et la promotion de la langue chinoise en France se réunissent à l’Ambassade pour fêter ensemble l’arrivée de l’« Année du Tigre ».

2 Le 1er février, des diplomates de l’Ambassade de Chine en Allemagne reçoivent des responsables des principaux médias allemands.

3 Le 10 avril, l’Office du Commissaire du MAE à Hong Kong organise une journée portes ouvertes sous le thème « Connaître la diplomatie chinoise à l’approche de l’Expo Shanghai 2010 ».

11月12日，中国驻印度大使馆外交官陪同印友人出席"中印建交60周年暨海德拉巴中国周"活动。（上图）

11月30日，中国常驻日内瓦代表团外交官在迪拜参加英国广播公司（BBC）专题电视辩论。（下图）

On 12 November, diplomats with the Chinese Embassy in India accompanied Indian friends in activities celebrating the 60th anniversary of China-India diplomatic relations and the Hyderabad China Week.(Upper picture)

On 30 November, a diplomat with China's Permanent Mission to the United Nations Office at Geneva took part in the BBC World Debate in Dubai.(Lower picture)

Le 12 novembre, des amis indiens assistent aux manifestations organisées dans le cadre du 60e anniversaire de l'établissement des relations diplomatiques entre la Chine et l'Inde, et de la « Semaine de la Chine à Hyderabad » en compagnie de diplomates de l'Ambassade de Chine en Inde. (Photo en haut)

Le 30 novembre, un diplomate de la Mission permanente de Chine auprès de l'Office des Nations Unies à Genève participe à Dubaï à un débat télévisé organisé par la BBC. (Photo en bas)

12月10日，中共中央政治局常委李长春出席在北京举行的第五届孔子学院大会开幕式。

On 10 December, Li Changchun, Member of the Standing Committee of the Political Bureau of the CPC Central Committee, attended the opening ceremony of the 5th Confucius Institute Conference in Beijing.

Le 10 décembre, M. Li Changchun, membre du Comité permanent du Bureau politique du CC du PCC, assiste à la cérémonie d'ouverture de la 5e Conférence des Instituts Confucius à Beijing.

5月25日，中国国务委员刘延东（中排左三）、美国国务卿希拉里·克林顿（中排左二）在北京共同出席中美人文交流高层磋商机制成立仪式。（上图）

On 25 May, State Councilor Liu Yandong (third from left in the middle row) and US Secretary of State Hillary Rodham Clinton (second from left in the middle row) attended the inauguration ceremony of China-US High-Level Consultation on People-to-People Exchange in Beijing.(Upper picture)

Le 25 mai, la Conseillère d'État Liu Yandong (2e plan, 3e à gauche) et la Secrétaire d'État américain Hillary Clinton (2e plan, 2e à gauche) assistent ensemble à Beijing à la cérémonie de lancement du mécanisme de consultations sino-américaines de haut niveau sur les échanges culturels et humains.(Photo en haut)

12月28日，中国驻朝鲜大使馆外交官与中国民间艺术家向朝鲜政府官员赠送中国剪纸。（下图）

On 28 December, diplomats from the Chinese Embassy in the DPRK and Chinese folk artists presented the DPRK government officials with Chinese paper-cutting works.(Lower picture)

Le 28 décembre, des diplomates de l'Ambassade de Chine en RPDC et des artisans chinois offrent des œuvres de papier découpé à des officiels du gouvernement de la RPDC.(Photo en bas)

2月2日，中国驻欧盟使团、欧洲议会对华关系代表团在欧洲议会大厦举办“中国春节走进欧洲议会”活动周。（上图）

2月12日，中国驻丹麦大使馆外交官出席在哥本哈根举办的2010年“欢乐春节”歌舞晚会。（下图）

On 2 February, the Chinese Mission to the European Union and the Delegation for Relations with China of the European Parliament kicked off the “Chinese New Year in the European Parliament”, a week-long event, at the headquarters of the European Parliament.(Upper picture)

On 12 February, diplomats with the Chinese Embassy in Denmark attended the “Happy Chinese New Year” gala evening in Copenhagen.(Lower picture)

Le 2 février, la Mission de Chine auprès de l’Union européenne et la délégation du Parlement européen pour les relations avec la Chine organisent une semaine du Nouvel An chinois au siège du Parlement européen. (Photo en haut)

Le 12 février, des diplomates de l’Ambassade de Chine au Danemark assistent à la soirée de gala « Joyeuse Fête du printemps 2010 » à Copenhague. (Photo en bas)

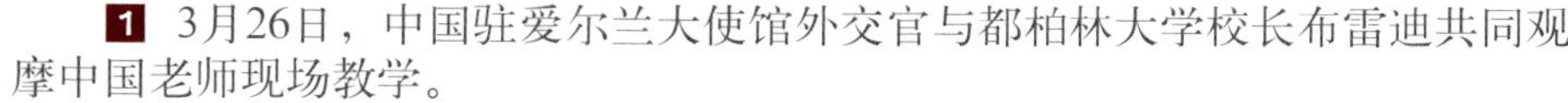

1 3月26日，中国驻爱尔兰大使馆外交官与都柏林大学校长布雷迪共同观摩中国老师现场教学。

2 5月9日，中国驻利比里亚大使馆邀请利比里亚总统瑟利夫（左一）出席中国驻利比里亚使馆与利国家乒乓球协会乒乓球友谊赛。

3 5月22日，中国驻阿富汗大使馆外交官参观喀布尔当地庄园，与庄园主热情交谈。

1 On 26 March, diplomats with the Chinese Embassy in Ireland joined Hugh Brady, President of University College Dublin, in observing a lesson given by a Chinese teacher.

2 On 9 May, the Chinese Embassy in Liberia invited Liberian President Ellen Johnson Sirleaf (first from left) to a friendship games between the embassy staff and the Liberian National Table Tennis Association.

3 On 22 May, diplomats with the Chinese Embassy in Afghanistan visited locals in Kabul and had a hearty chat with their hosts.

1 Le 26 mars, un diplomate de l'Ambassade de Chine en Irlande et le Président de l'Université de Dublin Hugh Brady assistent ensemble à un cours donné par une enseignante chinoise.

2 Le 9 mai, sur l'invitation de l'Ambassade de Chine au Libéria, la Présidente libérienne Ellen Johnson Sirleaf (1ère à gauche) assiste à un match amical entre l'Ambassade de Chine et la Fédération nationale de tennis de table du Libéria.

3 Le 22 mai, des diplomates de l'Ambassade de Chine en Afghanistan visitent une ferme à Kaboul et discutent avec ses propriétaires.

6月8日至9日，《中国印象— 跨越太平洋》杂技巡演在中国—密克罗尼西亚友好体育中心上演。（右图）

9月9日，中国驻俄罗斯大使馆外交官出席中国大型民族歌剧《木兰诗篇》赴俄巡演开幕式。（左图）

From 8 to 9 June, Chinese acrobatic performance “China Impression Across the Pacific” was staged in the FSM-China Friendship Sports Center in Micronesia.(Right picture)

On 9 September, diplomats with the Chinese Embassy in Russia attended the opening ceremony of Russian tour of the grand Chinese opera “Mulan Psalm”.(Left picture)

Les 8 et 9 juin, le spectacle d’acrobatie « Impression de la Chine à travers le Pacifique » a lieu au Centre sportif d’amitié Chine-Micronesie.(Photo à droite)

Le 9 septembre, des diplomates de l’Ambassade de Chine en Russie assistent à la cérémonie de lancement de la tournée du grand opéra chinois « Mulan » en Russie.(Photo à gauche)

10月2日，中国驻美国大使馆外交官出席由美国多个华侨华人社团联合举办的中国文化节开幕式。

On 2 October, diplomats with the Chinese Embassy in the United States attended the opening ceremony of the 12th Washington Chinese Culture Festival cosponsored by several local Chinese-American organizations.

Le 2 octobre, des diplomates de l'Ambassade de Chine aux États-Unis assistent à la cérémonie d'ouverture du Festival culturel chinois à Washington organisé conjointement par plusieurs associations de Chinois aux États-Unis.

10月6日，意大利斗兽场为“中国文化年”点红。

On 6 October, the Italian Colosseum was illuminated red to celebrate the opening of the “Chinese Culture Year”.

Le Colisée illuminé en rouge le 6 octobre à l’occasion de l’« Année culturelle de la Chine en Italie ».

10月2日，中国驻奥地利大使馆外交官陪同奥地利总统海因茨·费舍尔访问维也纳中文学校。（上图）

10月7日，渥太华中国城牌楼落成。（右图）

11月12日，中国常驻联合国代表团外交官出席第一届“联合国中文语言日”纪念活动。（下图）

On 2 October, diplomats with the Chinese Embassy in Austria accompanied Austrian President Heinz Fischer to a Chinese language school in Vienna.(Upper picture)

On 7 October, a Chinatown archway was completed in Ottawa.(Right picture)

On 12 November, diplomats with China's Permanent Mission to the United Nations attended the first UN Chinese Language Day activities.(Lower picture)

Le 2 octobre, le Président autrichien Heinz Fischer visite l'École de langue chinoise de Vienne en compagnie de diplomates de l'Ambassade de Chine en Autriche. (Photo en haut)

Le portique (pailou) du Chinatown à Ottawa inauguré le 7 octobre. (Photo à droite)

Le 12 novembre, des diplomates de la Mission permanente de Chine aux Nations Unies assistent aux célébrations de la 1ère Journée de la langue chinoise des Nations Unies. (Photo en bas)

11月24日，中国驻巴西大使馆外交官出席中国芭蕾舞剧团巴西利亚首演。（上图）

12月23日，中国驻埃及大使馆外交官为第七届"大使杯"汉语歌曲比赛一等奖获得者颁奖。（下图）

On 24 November, diplomats with the Chinese Embassy in Brazil attended the debut performance of the Chinese Ballet Troupe in Brasilia.(Upper picture)

On 23 December, a diplomat with the Chinese Embassy in Egypt presented award to the Top Prize winner of the 7th "Ambassador Cup" Chinese Singing Competition.(Lower picture)

Le 24 novembre, des diplomates de l'Ambassade de Chine au Brésil assistent au premier spectacle donné par le Ballet national de Chine à Brasilia. (Photo en haut)

Le 23 décembre, un diplomate de l'Ambassade de Chine en Egypte remet le prix au premier lauréat de la 7e édition du Concours de chanson chinoise « Coupe de l'Ambassadeur ». (Photo en bas)

3月30日，国务委员戴秉国在北京出席中非合作论坛框架下的"中非联合研究交流计划"启动仪式。（上图）

11月8日，第十届全国人大常委会副委员长、中国人民外交学会高级顾问许嘉璐在首届中拉智库交流论坛开幕式上致辞。（下图）

On 30 March, State Councilor Dai Bingguo attended the Launching Ceremony of the China-Africa Joint Research and Exchange Program under the FOCAC in Beijing.(Upper picture)

On 8 November, Xu Jialu, Vice Chairman of the Standing Committee of the 10th NPC and Senior Advisor to the Chinese People's Institute of Foreign Affairs, addressed the opening ceremony of the 1st session of China-Latin America and Caribbean Think Tanks Forum.(Lower picture)

Le 30 mars, le Conseiller d'État Dai Bingguo assiste à Beijing à la cérémonie de lancement du « Programme sino-africain d'échanges et d'études conjointes » dans le cadre du Forum sur la Coopération sino-africaine. (Photo en haut)

Le 8 novembre, M. Xu Jialu, Vice-Président du Comité permanent de la 10e APN et Conseiller supérieur de l'Institut de Politique étrangère du Peuple chinois (IPEPC), s'exprime à la cérémonie d'ouverture du 1er Forum des Groupes de réflexions Chine-Amérique latine et Caraïbes. (Photo en bas)

12月1日，主题为“亚太地区形势和中国政策”的首届“蓝厅论坛”研讨会在外交部南楼举行，外交部长杨洁篪发表主旨演讲并回答提问。

On 1 December, the 1st Session of Lanting Forum, themed “The Situation in the Asia-Pacific and China’s Policy”, was held in the South Building of the Ministry of Foreign Affairs. Foreign Minister Yang Jiechi gave a keynote speech and took up questions from the audience.

Le 1er décembre, lors du 1er séminaire du « Forum Lanting » tenu au Bâtiment Sud du MAE sous le thème « Situation en Asie-Pacifique et politique de la Chine », le Ministre Yang Jiechi prononce un discours et répond aux questions des participants.

3月30日，在德国首都柏林举行的中德科学教育年开幕式上，中国科技部部长万钢（左）与德国联邦教育和科研部长沙万签署《合作谅解备忘录》。

On 30 March, Minister of Science and Technology Wan Gang (left) signed a MOU on cooperation with Federal Minister of Education and Research of Germany Annette Schavan at the opening ceremony of the Sino-German Science and Education Year in Berlin, Germany.

Le 30 mars, le Ministre chinois de la Science et de la Technologie Wan Gang (à gauche) et la Ministre allemande de l’Éducation et de la Recherche Annette Schavan signent un mémorandum d’entente de coopération à la cérémonie d’ouverture de l’« Année de l’éducation scientifique Chine-Allemagne » à Berlin, capitale allemande.

6月28日，第五期欧洲外交官研讨班开班。（上图）

8月6日，外交部官员出席第22届太平洋岛国论坛会后对话会。（下图）

On 28 June, the 5th Workshop for European Diplomats opened.(Upper picture)

On 6 August, officials from Foreign Ministry attended the 22nd Post Pacific Islands Forum Dialogue.(Lower picture)

Ouverture du 5e séminaire des diplomates européens le 28 juin. (Photo en haut)

Le 6 août, des officiels du MAE assistent à la 22e session du Dialogue Post-Forum des Îles du Pacifique. (Photo en bas)

1 2 3

1 10月18日，外交部政策规划司官员与美国国务院政策规划司官员在华盛顿举行中美外交政策磋商，并向美方赠送《中国外交》画册。

2 11月18日，中国和俄罗斯外交部在北京举行第七次干部问题磋商。

3 5月2日，第四届中外大学校长论坛在南京开幕。

1 On 18 October, officials with the Policy Planning Department of Foreign Ministry held consultation with their US counterparts on Chinese and US foreign policies in Washington D.C. A Chinese official presented his US counterpart with a "China's Foreign Affairs" photo album.

2 On 18 November, Chinese and Russian ministries of foreign Affairs held their 7th consultation on staff development in Beijing.

3 On 2 May, the 4th Chinese-Foreign University Presidents Forum was held in Nanjing.

1 Le 18 octobre, un officiel du Département de la Planification politique du MAE offre à Washington un album *Les affaires étrangères de la Chine* à une officielle de la Direction de la Planification politique du Département d'État américain à l'issue des Consultations sino-américaines sur la politique étrangère.

2 Le 18 novembre, les Ministères chinois et russe des Affaires étrangères tiennent la 7e session de consultations sur les questions du personnel à Beijing.

3 Le 2 mai, le 4e Forum des Présidents d'Université de Chine et de l'étranger s'ouvre à Nanjing.

10月9日，外交部驻澳门特派员公署外交官出席首届澳门青少年外交知识竞赛决赛。（上图）

9月23日至24日，中国国际问题研究所与阿拉伯思想论坛在北京举办第四届中国—阿拉伯国家关系研讨会。（下图）

On 9 October, diplomats with the Office of the Commissioner of the Ministry of Foreign Affairs in the Macao SAR attended the final of the first Diplomatic Knowledge Contest for the Youth in Macao. (Upper picture)

From 23 to 24 September, the China Institute of International Studies and the Arab Thought Forum jointly hosted the 4th China-Arab Dialogue in Beijing.(Lower picture)

Le 9 octobre, des diplomates de l'Office du Commissaire du MAE à Macao assistent à la finale du 1er Concours de connaissances diplomatiques pour les jeunes de Macao. (Photo en haut)

Les 23 et 24 septembre, le 4e dialogue sino-arabe organisé par l'Institut d'Études internationales de Chine et le Forum de la Pensée arabe se tient à Beijing. (Photo en bas)

9月16日至17日，由中国人民外交学会和新加坡国立大学东亚研究所共同主办的第五届“中新论坛”在新加坡举行。

From 16 to 17 September, the 5th China-Singapore Forum, jointly organized by the Chinese People's Institute of Foreign Affairs and the East Asia Institute of the National University of Singapore, was held in Singapore.

Les 16 et 17 septembre, le 5e Forum Chine-Singapour organisé conjointement par l'IPEPC et l'Institut d'Asie orientale de l'Université nationale de Singapour se tient à Singapour.

3月22日，东南亚国家联盟秘书长素林·披苏旺（右三）访问外交学院。

On 22 March, Secretary General of ASEAN Sulin Pitsuwan visited the China Foreign Affairs University.

Le 22 mars, le Secrétaire général de l'ASEAN Sulin Pitsuwan (3e à droite) visite l'Institut de Diplomatie.

9月16日，应墨西哥国防部邀请，中国人民解放军仪仗方队参加墨西哥独立200周年庆典阅兵活动。

On 16 September, at the invitation of the Ministry of Defense of Mexico, the Guard of Honor of the Chinese People's Liberation Army participated in the military parade celebrating the 200th anniversary of Mexican Independence.

Le 16 septembre, sur l'invitation du Ministère mexicain de la Défense nationale, la Garde d'honneur de l'Armée populaire de Libération (APL) participe au défilé célébrant le 200e anniversaire de l'indépendance du Mexique.

军事交流

9月9日，中国人民解放军总参谋长陈炳德（右二）抵达哈萨克斯坦阿拉木图，参加“和平使命—2010”上海合作组织联合反恐军事演习战略磋商。

On 9 September, Chen Bingde (second from right), Chief of General Staff of the Chinese People's Liberation Army, arrived in Alma-Ata, Kazakhstan for strategic consultation on the SCO "Peace Mission 2010" joint counter-terrorism military exercise.

Le 9 septembre, le Chef de l'État-Major général de l'APL Chen Bingde (2ᵉ à droite) arrive à Almaty, au Kazakhstan, pour participer aux consultations stratégiques sur la manœuvre militaire anti-terroriste conjointe de l'Organisation de Coopération de Shanghai (OCS) « Mission de la paix 2010 ».

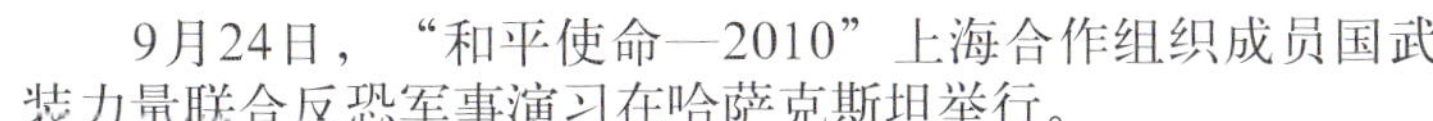

9月24日，“和平使命—2010”上海合作组织成员国武装力量联合反恐军事演习在哈萨克斯坦举行。

On 24 September, the SCO "Peace Mission 2010" joint counter-terrorism military exercise was launched in Kazakhstan.

Le 24 septembre, la manœuvre militaire anti-terroriste conjointe des forces armées des États membres de l'OCS « Mission de la paix 2010 » a lieu au Kazakhstan.

7月3日，“友谊—2010”中国—巴基斯坦反恐联合训练在宁夏拉开帷幕。

On 3 July, China-Pakistan “Friendship 2010” joint counter-terrorism military exercise was launched in Ningxia.

Le 3 juillet, l'exercice anti-terroriste conjoint Chine-Pakistan baptisé « Amitié 2010 » est lancé dans la province du Ningxia.

10月31日，中国和泰国海军陆战队举行“蓝色突击—2010”联合训练。

On 31 October, Chinese and Thai marine corps held “Blue Spot 2010” joint exercise.

Le 31 octobre, les Marines chinoise et thaïlandaise organisent conjointement l'exercice « Assaut bleu-2010 ».

1月12日，海地发生里氏7.3级强烈地震，造成重大人员伤亡和财产损失。1月30日，中国赴海地维和警察防暴队来到海地首都太子港展开救援行动。

On 12 January, a massive earthquake measuring 7.3 on the Richter Scale hit Haiti, causing heavy casualties and property losses. On 30 January, Chinese peacekeeping police in Haiti arrived in Port-au-Prince, capital of Haiti, for disaster relief operations.

Le 12 janvier, un violent séisme d'une magnitude de 7,3 sur l'échelle de Richter a frappé Haïti, causant de lourdes pertes humaines et matérielles. Le 30 janvier, le détachement anti-émeute de la police chinoise de maintien de la paix en Haïti mène des opérations de secours à Port-au-Prince, capitale d'Haïti.

8月4日，中国政府向巴基斯坦洪涝灾害地区提供的紧急救灾物资运抵巴。

On 4 August, the emergency relief materials donated by the Chinese government to flood-hit areas in Pakistan were flown into Pakistan.

Le 4 août, les matériels de secours accordés par le gouvernement chinois aux régions pakistanaises frappées par des inondations arrivent au Pakistan.

1 3
2

1 4月14日，中国青海省玉树县发生里氏7.1级地震。27日，中国外交部官员接受阿尔及利亚政府向青海玉树地震灾区捐款。

2 4月15日，中国驻日本大使馆外交官接受日本经济团体联合会副会长中村芳夫向青海玉树地震灾区捐款。

3 4月27日，中国驻英国大使馆外交官接受旅英华侨华人代表向青海玉树地震灾区捐款。

1 On 14 April, an earthquake measuring 7.1 on the Richter Scale hit Yushu County in Qinghai Province of China. On 27 April, an official of Foreign Ministry accepted a donation from the Algerian government to the disaster-hit areas in Yushu, Qinghai.

2 On 15 April, a diplomat with the Chinese Embassy in Japan accepted a donation from Makamura Yoshio, Vice Chairman of the Japan Business Federation, to the earthquake-hit areas in Yushu, Qinghai.

3 On 27 April, diplomats with the Chinese Embassy in Britain accepted a donation from the representatives of local Chinese community to the earthquake-hit areas in Yushu, Qinghai.

1 Le 14 avril, le district Yushu du Qinghai a été secoué par un séisme d'une magnitude de 7,1 sur l'échelle de Richter. Le 27 avril, un officiel du MAE reçoit les dons offerts par le gouvernement algérien à la région sinistrée.

2 Le 15 avril, un diplomate de l'Ambassade de Chine au Japon reçoit les dons remis par le Vice-Président de la Fédération d'Affaires du Japon (Nippon Keidanren) Makamura Yoshio pour les sinistrés du séisme de Yushu, au Qinghai.

3 Le 27 avril, un diplomate de l'Ambassade de Chine au Royaume-Uni reçoit les dons remis par des représentants de la communauté chinoise au Royaume-Uni pour les sinistrés du séisme de Yushu, au Qinghai.

3月26日，外交部官员代表中国政府接受柬埔寨王国太皇太后诺罗敦·莫尼列·西哈努克对中国部分省区遭受旱灾捐款。

On 26 March, an official of the Ministry of Foreign Affairs accepted on behalf of the Chinese government, a donation from Cambodian grandma-empress Norodom Monineath Sihanouk to some Chinese provinces and regions hit by droughts.

Le 26 mars, un représentant du MAE reçoit, au nom du gouvernement chinois, les dons pour les régions chinoises victimes de la sécheresse remis par la Reine-mère du Royaume du Cambodge Norodom Monineath Sihanouk.

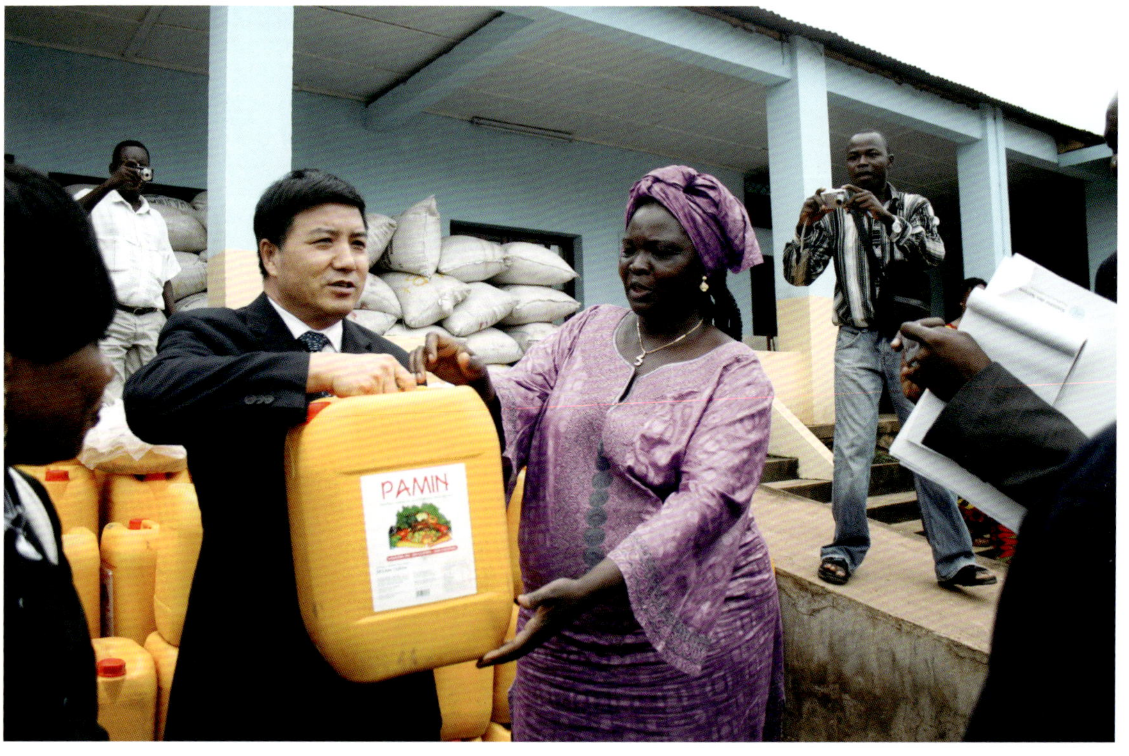

8月19日，中国驻中非大使馆外交官代表使馆向中非政府提供赈灾物资。

On 19 August, a diplomat with the Chinese Embassy in the Central African Republic donated disaster relief materials on behalf of the Embassy to the Central African government.

Le 19 août, un diplomate de l'Ambassade de Chine en République centrafricaine remet, au nom de l'Ambassade, des matériels de secours au gouvernement centrafricain.

人道主义救援

1 9月28日，中国驻尼日尔大使馆外交官代表中国政府向尼政府转交价值1000万元人民币的紧急粮食援助。

2 11月14日，中国驻加纳大使馆外交官向加纳副总统马哈马转交中国红十字会向加纳红十字会紧急拨付的援款。

3 10月19日，中国海军医院船"和平方舟"号抵达坦桑尼亚首都达累斯萨拉姆，开始为期5天的访问和人道主义医疗服务。

1 On 28 September, a diplomat with the Chinese Embassy in Niger delivered, on behalf of the Chinese government, emergency food assistance worth RMB10 million to the government of Niger.

2 On 14 November, a diplomat with the Chinese Embassy in Ghana delivered to Ghanaian Vice President John Dramani Mahama emergency funds from the Red Cross Society of China to the Red Cross Society of Ghana.

3 On 19 October, the Chinese navy hospital vessel Peace Ark arrived at Dar es Salaam, Tanzania for a five-day visit and humanitarian medical services.

1 Le 28 septembre, un diplomate de l'Ambassade de Chine au Niger remet, au nom du gouvernement chinois, une aide alimentaire d'urgence d'une valeur de 10 millions de yuans RMB au gouvernement nigérien.

2 Le 14 novembre, un diplomate de l'Ambassade de Chine au Ghana remet au Vice-Président ghanéen John Dramani Mahama un don d'urgence accordé par la Croix-Rouge chinoise à la Croix-Rouge ghanéenne.

3 Le 19 octobre, l'« Arche de la paix », navire-hôpital de la Marine chinoise, arrive à Dar es-Salaam, capitale tanzanienne, pour effectuer une visite de cinq jours et apporter aux habitants locaux des soins médicaux humanitaires.

1
2
3

图书在版编目（CIP）数据

中国外交2010年度画册：中文、英文、法文／外交部政策规划司编著．—北京：世界知识出版社，2011.7
ISBN 978-7-5012-4102-6

Ⅰ．①中… Ⅱ．①外… Ⅲ．①外交—中国—2010—画册 Ⅳ．①D82-64

中国版本图书馆CIP数据核字（2011）第143238号

编辑组 孙安林 徐鹤鸣 张养吾 张汉武 乐畅 杜许栋 张阳 贾媛 程红 闫正
责任编辑 龚玲琳 余岚
美术编辑 甄树刚
版式设计 祁雄臻
责任出版 赵玥
责任校对 陈可望

书名 中国外交2010
2010 China's Foreign Affairs
Les affaires étrangères de la Chine 2010

编著 中华人民共和国外交部政策规划司

出版发行 世界知识出版社
地址邮编 北京市东城区干面胡同51号（100010）
电话 010-65265923（发行）
010-85119023（世界知识书店）
经销 新华书店
图片主要来源 新华社 外交部 中新社
网址 www.wap1934.com
制版 北京盛兰时代图文制作有限公司
印刷 北京雅昌彩色印刷有限公司
开本印张 787×1092毫米 1/8 30.5印张
版次印次 2011年8月第一版 2011年8月第一次印刷
标准书号 ISBN 978-7-5012-4102-6
定价 300.00元